JN419078

딱! 한권
JLPT 일본어능력시험
모의고사
3회분
N4

시사일본어사

머리말

本書は、日本語能力試験のN1からN5のレベルのうち、N4の試験対策を目的に、3回分の模擬試験を用意しました。

本書の特徴は、問題数が豊富であることです。模擬試験が3回分収録されていますから、試験直前にとにかくたくさん問題を解きたいという場合に使うことはもちろん、試験の傾向を知るために1回、少し勉強してから1回、試験直前に1回といった使い方をすることもできます。本書を使って本番と同じ形式の問題を3回解いてみれば、試験の特徴は十分につかめるでしょう。

また、本書では、あまり時間がない中でも必要な試験対策がとれるよう、解説を工夫しました。問題を解いて答えの正誤を知るだけでなく、効率よく、正解を導くためのポイントを学んだり、今まで学んできた知識を整理したりできるようになっています。

N4に合格するためには、幅広い日本語の知識とそれを適切に運用する力が求められます。本書を使って繰り返し学習することによって、弱いところや苦手なところを補強し、日本語能力の向上を目指してください。

本書がN4合格を目指す皆さんのお役に立てることを願っています。

著者・編集部一同

목차

이 책의 사용법

〈이 책의 구성〉

• 모의고사는 전부 3회분이 있습니다.
• 문제와 해답용지는 부속 별책에, 해답 · 해설은 본책에 수록되어 있습니다.
• 청해용 MP3 CD가 1장 들어있습니다.

〈이 책의 사용법〉

① 3회의 모의고사는 (한 번에 풀지 말고) 각각 정해진 시간에 따라 나눠서 진행해 주세요.

*해답용지는 자르거나 복사해서 사용해 주세요.

*「언어지식(문자 · 어휘)」, 「언어지식(문법) · 독해」에서는 문제를 푸는 데 걸리는 시간에 대해 목표 시간을 설정, 큰 문제별로 표시하였습니다. 참고하면서 풀어 주세요.

② 문제를 다 풀었으면「해답 · 해설」을 보면서 정답을 맞춥니다. 틀린 부분은 확실히 복습해 주세요.

*해설이나 부록의「시험에 나오는 중요 어구 · 문형 리스트」를 활용합시다.

③ 다음으로 채점표(p.92~93)를 이용해 채점을 하고, 득점을 기입해 주세요. 득점 결과를 바탕으로 부족한 부분은 없는지 확인해 주세요. 점수가 낮은 과목이 있으면 중점적으로 학습합시다.

「일본어능력시험 N4」의 내용

❶ N4 레벨

기본적인 일본어를 이해할 수 있다.

읽기	• 기본적인 어휘나 한자를 이용해서 쓰여진 일상생활 속에서 쉽게 접할 수 있는 화제의 문장을 읽고 이해할 수 있다.
듣기	• 일상적인 장면에서 다소 느리게 말하는 회화라면 내용을 거의 이해할 수 있다.

❷ 시험과목과 시험시간

• 「언어지식(문법)」과 「독해」는 60분 안에 같은 문제용지, 같은 해답용지로 진행됩니다. 자신의 페이스로 문제를 풀게 되므로 시간배분에 주의합시다.

	언어지식 (문자·어휘)	언어지식 (문법)·독해	청해
시간	30분	60분	35분

❸ 합격 판정

• 「종합득점」이 「합격점」에 도달하면 합격합니다. 확실하게 만점의 60~70%의 점수를 얻을 수 있도록 합시다.

• 「득점 구분 별 득점」에는 「기준점」이 설정되어 있습니다. 「기준점」에 도달하지 못하면 「종합득점」에 관계 없이 불합격됩니다. 부족한 과목을 만들지 않도록 합시다.

	언어지식 • 독해 (문자·어휘·문법)	청해	종합득점	합격점
득점 구분 별 득점	0~120점	0~60점	0~180점	90점
기준점	38점	19점		

❹ 일본어능력시험 N4의 구성

			큰 문제	문항 수	내용
언어지식(30분)		1	漢字読み	9	한자로 쓰인 어휘의 읽는 법을 묻는다.
		2	表記	6	히라가나로 쓰인 어휘가 한자로 어떻게 쓰이는지 묻는다.
		3	文脈規定	10	문맥에 따라 의미적으로 규정된 말이 무엇인지 묻는다.
		4	言い換え類義	5	출제어와 의미적으로 가까운 말이나 표현을 묻는다.
		5	用法	5	출제어가 문장 안에서 어떻게 쓰이는지를 묻는다.
언어지식·독해(60분)	문법	1	文の文法1(文法形式の判断)	15	글의 내용에 맞는 문법형식인지 아닌지를 판단할 수 있는지 묻는다.
		2	文の文法2(文の組み立て)	5	나열된 단어로 의미가 통하는 문장을 만들 수 있는지를 묻는다.
		3	文章の文法	5	문장의 흐름에 맞는 글인지 아닌지를 판단할 수 있는지 묻는다.
	독해	4	内容理解(短文)	4	학습·일에 관련된 화제·장면의 쉽게 고쳐 쓴 100~200자 정도의 지문을 읽고 내용을 이해할 수 있는지를 묻는다.
		5	内容理解(中文)	4	일상적인 화제·장면에서 쉽게 고쳐 쓴 450자 정도의 지문을 읽고 내용을 이해할 수 있는지를 묻는다.
		6	情報検索	2	안내나 공지 등 새로 쓴 정보소재(400자 정도) 속에서 필요한 정보를 찾아낼 수 있는지를 묻는다.
청해(35분)		1	課題理解	8	논지가 명쾌한 지문을 듣고 내용을 이해할 수 있는지(다음에 무엇을 하는 것이 적당한지 이해할 수 있는가)를 묻는다.
		2	ポイント理解	7	논지가 명쾌한 지문을 듣고 내용을 이해할 수 있는지(포인트를 집으며 들을 수 있는가)를 묻는다.
		3	発話表現	5	일러스트를 보면서 상황 설명을 듣고 적절한 발화를 고를 수 있는 지를 묻는다.
		4	即時応答	8	질문 등의 짧은 발화를 듣고 적절한 응답을 고를 수 있는지를 묻는다.

* 문항 수는 예상 숫자로 실제와 다를 수 있습니다. 본책에서는 국제교류기금 편저『日本語能力試験 公式問題集 N4』(2012年、凡人社)의 내용을 참고로 구성하였습니다.

시험에 관련된 최신 정보는 일본어능력시험 공식 홈페이지(☞http://www.jlpt.or.kr)에서 확인하세요.

N4 각 문제의 패턴과 해답 포인트

언어지식 (문자 · 어휘)

問題1 【漢字読み】 → 한자의 올바른 읽기를 고른다.

자주 나오는 문제・어구

- 장음인지 아닌지(예 会場(かいじょう)－近所(きんじょ))
- 촉음이 있는지 없는지(예 学校(がっこう)－学生(がくせい))
- 탁음이나 반탁음이 붙는지(예 1本(ぽん)－2本(ほん)－3本(ぼん))
- 「ん」이 들어가는지 아닌지(예 店長(てんちょう)－手帳(てちょう))
- 「한자＋한자」로 음의 변화가 있는지 없는지(예 食事(しょくじ)－食器(しょっき))

★ 틀렸다고 생각되는 것은 선을 그어 바로 지우고 남은 것 중에서 답을 고르자.

問題2 【表記】 → 히라가나 부분의 올바른 한자를 고른다.

자주 나오는 문제・어구

- 모양이 비슷한 글자에 주의(近(きん)ー逆(ぎゃく)ー辺(へん)ー送(そう))
- 소리가 비슷한 글자에 주의(主(しゅ)ー集(しゅう)ー所(しょ)ー少(しょう))
- 의미가 비슷한 글자에 주의(洗(せん)ー流(りゅう)ー注(ちゅう)ー汚(お))

問題3 【文脈規定】 → 문장에 맞는 어휘를 고른다.

자주 나오는 문제・어구

- 비슷하지만 의미가 다른 어휘(예 会(あ)うー合(あ)う、リストーメニュー)
- 같은 한자를 포함한 말, 모양이 비슷한 어휘(예 利用(りよう)－用意(ようい)、紹介(しょうかい)－招待(しょうたい))

問題4 【言い換え類義】 → 다른 단어나 표현으로 의미가 거의 같은 것을 고른다.

★ 가타카나 단어에 주의하자.

問題5 【用法】 → 문장 속에서 올바르게 사용된 것을 고른다.

자주 나오는 문제・어구

- 앞뒤 말과의 연결이 올바른가
- 사용된 장면이 적절한가

언어지식 (문법)

問題 1 【文の文法1（文法形式の判断）】→ 문장에 맞는 문형을 고른다.

★ 앞 단어와의 연결이 올바른가. 의미와 형태 양쪽에 주의한다.

問題 2 【文の文法2（文の組み立て）】→ 나열된 단어를 재배열하여 문장을 완성시킨다.

★ 재배열 했을 때 __★__ 부분에 오는 말(⇒정답 번호)을 틀리지 않도록 주의.

문제 예

次の文の__★__に入る最もよいものを、1・2・3・4の中から一つ選びなさい。

パーティーに ____ ____ __★__ ____ 決めていない。

1 着て　　2 まだ　　3 行くか　　4 何を

풀이 방법

パーティーに __何を__ __着て__ __(行くか)__ __まだ__ 決めていない。

問題 3 【文章の文法2】→ 장문을 읽고 앞뒤의 연결이 맞는 말을 넣는다.

문제 예

もんだい3 [21]から[25]に 何を 入れますか。文章の 意味を 考えて、1・2・3・4から いちばん いい ものを 一つ えらんで ください。

つぎの 文章は マリアさんが 先生に 書いた はがきです。

先生、お元気ですか。私は今、北海道に来ています。友達が北海道の人で、夏休みの間、彼の家に泊めてもらうことになったんです。北海道には前からぜひ来たいと思っていたので、とても喜んでいます。先生も言っていた[21]、景色はきれいだし、食べ物はおいしいし、毎日楽しいです。もちろん、先生に言われていた漢字の宿題も毎日やっていますよ。[22]、安心してください。…

2013年8月5日

マリア

21

1 のに　　2 のは　　3 (とおり)　　4 みたい

22

1 しかし　　2 そして　　3 それで　　4 (だから)

독해

1 지시어(これ、それ、あれ、この~、その~、あの~、こんな~、そういう~、あのような~、など)의 내용을 파악한다.
2 글의 마지막 부분은 특히 주의해서 읽는다.
3 접속사(また、しかし、だから、など)에 주의하면서 글의 흐름을 파악한다.
4 다른 말로 표현하고 있는 것, 반복해서 말하고 있는 것은 중요한 포인트.
5 「~ない」나 「しかし、けれども、ところが、など」의 뒤에 중요한 의견이 서술되어있는 경우가 많다.
6 중요한 곳이나 잘 모르는 곳에 밑줄을 그으면서 읽는다.

問題(もんだい) 4 【内容理解(ないようりかい)(短文(たんぶん))】 → 100~200자 정도의 글을 읽고 내용을 이해할 수 있는지를 묻는다.

자주 나오는 문제・어구

- 筆者(ひっしゃ)(=文章(ぶんしょう)を書(か)いた人(ひと))が最(もっと)も言(い)いたいことは何(なに)か。
- 筆者(ひっしゃ)の考(かんが)えに合(あ)うのはどれか。
- 筆者(ひっしゃ)は(何(なに)が/どのように/どんな…) 考(かんが)えているか。

★문장의 주제(주된 테마)를 파악한다.

問題(もんだい) 5 【内容理解(ないようりかい)(中文(ちゅうぶん))】 → 450자 정도의 글을 읽고 쓰인 내용의 포인트를 이해할 수 있는지를 묻는다.

자주 나오는 문제・어구

- どんな~か。
- どのように~したか。
- どうして~したか。
- 何(なに)を~したか。

★ ① 지시어(それ、そのように、このこと、…)의 내용을 파악한다 → 직전 혹은 조금 앞에 지시어의 내용이 있는 경우가 많다.
② 밑줄의 내용에 대해서는 <표현은 다르지만 같은 것을 말하고 있는 부분>, <앞 부분에서 제시된 구체적인 예>에 주목한다.

問題 6 【情報検索】 → 400자 정도의 정보 속에서 필요한 정보를 찾아낼 수 있는지를 묻는다.

자주 나오는 문제・어구

- 광고
- 팸플릿(상품이나 서비스의 내용)
- 포스터・전단지(이벤트 안내나 모집 등)
- 정보지(구인・부동산 등)
- 비즈니스 문서

★ 시간이나 장소, 방법, 조건 등 자주 사용되는 어구를 파악해 두자.

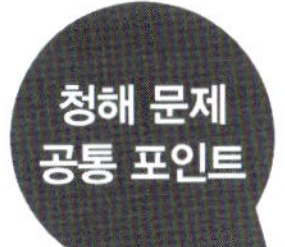

청해

청해 문제 공통 포인트

1 음성은 한 번밖에 들을 수 없으므로, 한 문제 한 문제 집중해서 듣는다.
2 답이 헷갈려도, 거기에 시간을 들이지 않는다(→다음 문제에 집중할 수 없게 된다).
3 질문을 확실히 듣는다.
4 회화에서는 생략되는 말이 많다. 「누가?」, 「무엇을?」등을 모르지 않도록 주의한다.

問題(もんだい) 1 【課題理解(かだいりかい)】→ 두 사람의 회화를 듣고, 내용을 이해할 수 있는지를 묻는다.

흐름

① 문제를 듣는다
② 선택지를 본다
③ 설명과 질문(첫 번째)을 듣는다
④ 회화를 듣는다
⑤ 질문(두 번째)를 듣는다 → 답을 고른다

자주 나오는 문제・어구

- ～はこの後(あと)、どうしますか。
- ～は何(なに)をしなければなりませんか。

★ 무엇이 필요한지 주의해서 듣는다. 상대방이 말한 것에 대해 「それは必要(ひつよう)ない、必要(ひつよう)なくなった」, 「それもそうだけど…」등으로 받는 경우가 많다.

問題(もんだい) 2 【ポイント理解(りかい)】→ 두 사람의 대화 또는 한 사람의 스피치 등을 듣고, 포인트를 파악할 수 있는지를 묻는다.

흐름

① 문제를 듣는다
② 선택지를 가볍게 본다
③ 설명과 질문(첫 번째)을 듣는다
④ 선택지를 본다(약 20초)
⑤ 회화를 듣는다
⑥ 질문(두 번째)을 듣는다 → 답을 고른다

자주 나오는 문제・어구

- ～は、どうして…か。
- ～は、いつ／何時(なんじ)(の○○)に…か。
- ～は、何(なに)を／どんな○○を…か。
- ～はどのように…か。

★ 처음에 들은 질문을 머리속에 두고 회화를 듣는다. 누구에 대한 것인지 (남자인지 여자인지, 점원인지 손님인지 등)도 착각하지 않도록 주의한다.

問題 3 【発話表現】 → 그림을 보면서 상황 설명을 듣고, 그것에 맞는 표현을 고를 수 있는지를 묻는다.

흐름

① 그림을 본다
② 상황 설명과 질문을 듣는다
③ 선택지를 듣는다 → 답을 고른다

자주 나오는 문제・어구

- ～てくれませんか(～てくれない？)／～てほしいんですが
- ～たいんですが
- ～ましょうか
- ～(し)ない？／～たら(どう)？

★ 부탁, 제안, 조언, 감사 등의 표현이 많다. 자주 사용되는 표현은 기억해 두자.

問題 4 【即時応答】 → 상대방의 짧은 질문이나 인사 등에 대해, 그것에 맞는 대답을 고를 수 있는지를 묻는다.

흐름

① 하나의 짧은 회화 중, 먼저 말하는 쪽을 듣는다
② 선택지(회화의 뒤쪽)을 듣는다 → 답을 고른다

자주 나오는 문제・어구

- ～ておく／～とく／～ておいて
- ～てくれませんか／～てくれない？
- ～て(も)いい／～で(も)いい
- 結構です

★ 선택지는 8～12자 정도의 짧은 문장. 소리를 듣기만하면 전부 정답처럼 생각되므로 주의. 전부 듣고 나서 고르는 것이 아니라, 하나 하나에 대해 맞는지 틀린지를 체크한다. ×나 ○, △등을 표시해도 좋다.

모의고사 제1회 정답・해설

정답

언어지식 (문자・어휘)

問題(もんだい) 1	
1	1
2	4
3	3
4	4
5	1
6	2
7	4
8	3
9	1

問題(もんだい) 2	
10	2
11	2
12	4
13	1
14	2
15	4

問題(もんだい) 3	
16	2
17	4
18	4
19	3
20	1
21	3
22	1
23	4
24	3

問題(もんだい) 4	
25	2
26	3
27	4
28	1
29	1

問題(もんだい) 5	
30	3
31	4
32	4
33	4
34	2

언어지식 (문법)・독해

問題(もんだい) 1	
1	2
2	1
3	4
4	3
5	1
6	4
7	4
8	2
9	1
10	2
11	3
12	2
13	3
14	1
15	1

問題(もんだい) 2	
16	1
17	3
18	4
19	4
20	2

問題(もんだい) 3	
21	2
22	4
23	3
24	1
25	3

問題(もんだい) 4	
26	3
27	4
28	4
29	1

問題(もんだい) 5	
30	2
31	2
32	2
33	3

問題(もんだい) 6	
34	2
35	4

청해

問題(もんだい) 1	
れい	2
1	3
2	2
3	2
4	1
5	4
6	4
7	3
8	4

問題(もんだい) 2	
れい	3
1	4
2	3
3	3
4	1
5	3
6	2
7	3

問題(もんだい) 3	
れい	3
1	3
2	2
3	1
4	2
5	1

問題(もんだい) 4	
れい	2
1	2
2	3
3	2
4	1
5	3
6	1
7	2
8	3

※해설에서는 「주요어휘」에 N4레벨의 어휘를 싣고, 체크박스(□)를 붙였습니다. 설명을 위해 사용한 일부 어려운 어휘에는 △가 붙어 있습니다.

언어지식 (문자・어휘)

もんだい 1

1 정답 1

□ **受付**(うけつけ)：접수

▶□ **受**=うーける

예 試験(しけん)を受(う)けます。

▶□ **付**=つーける

예 パンにジャムを付(つ)けます。

2 정답 4

□ **謝る**(あやま)：사과하다

▶□ **謝**=シャ／あやまーる

예 うそを言(い)ったことを謝(あやま)りました。

3 정답 3

□ **連絡**(れんらく)：연락

▶□ **連**=レン／つーれる

예 子(こ)どもを連(つ)れて公園(こうえん)に行(い)きました。

▶□ **絡**=ラク

4 정답 4

□ **泥棒**(どろぼう)：도둑

▶□ **泥**=デイ／どろ

예 洋服(ようふく)が泥(どろ)で汚(よご)れました。

▶□ **棒**=ぼう

예 棒(ぼう)でボールを打(う)ちました。

5 정답 1

□ **入学**(にゅうがく)：입학

▶□ **入**=ニュウ／はいーる

예 教室(きょうしつ)に入(はい)りました。

▶□ **学**=ガク／まなーぶ

예 大学(だいがく)で医学(いがく)を学(まな)びました。

6 정답 2

□ **急行**(きゅうこう)：급행

▶□ **急**=キュウ／いそーぐ

예 急(いそ)いで行(い)きます。

▶□ **行**=コウ、ギョウ／いーく　おこなーう

예 銀行(ぎんこう)に行(い)きます。

7 정답 4

□ **駐車場**(ちゅうしゃじょう)：주차장

▶□ **駐**=チュウ

예 駐輪場(ちゅうりんじょう)

▶□ **車**=シャ／くるま

예 自動車(じどうしゃ)／車(くるま)に気(き)をつける、車(くるま)に乗(の)る

▶□ **場**=ジョウ／ば

예 飛行場(ひこうじょう)／場所(ばしょ)

8 정답 3

□ **途中**(とちゅう)：도중

▶□ **途**=ト

▶□ **中**=チュウ／なか

예 中学校(ちゅうがっこう)／家(いえ)の中(なか)、教室(きょうしつ)の中(なか)

9 정답 1

□ 遠慮(えんりょ) : 사양함

▶□ 遠=エン／とおーい

㉠ 学校(がっこう)は家(いえ)から遠(とお)いです。

▶□ 慮=リョ

もんだい 2

10 정답 2

□ 作(つく)る : 만들다

▶□ 作=サク／つくーる

예 作文(さくぶん)／料理(りょうり)を作(つく)る。

11 정답 2

□ 意見(いけん) : 의견

▶□ 意=イ

예 意味(いみ)がわかります。

▶□ 見=ケン／みーる

예 見物(けんぶつ)する／テレビを見(み)る。

12 정답 4

□ 飲(の)む : 마시다

▶□ 飲=イン／のーむ

예 飲(の)み物(もの)

13 정답 1

□ 空(あ)く : 비다

▶□ 空=クウ／そら、あーく

예 空気(くうき)、空港(くうこう)／青(あお)い空(そら)

14 정답 2

□ 通(とお)り : 길, 도로

▶□ 通=ツウ／とおーり、とおーる

예 交通(こうつう)／学校(がっこう)へ通(かよ)う

15 정답 4

□ 止(と)まる : 멈추다

▶□ 止=シ／とーまる、とーめる

もんだい 3

16 정답2

□ カーテン : 커튼

오답해설

1 ガラス : 유리

예 まどガラス

3 かべ : 벽

예 地図(ちず)をかべにはる

4 ボタン : 단추, 버튼

예 ワイシャツのボタン

17 정답 4

□ 考(かんが)える : 생각하다

예 健康(けんこう)について考(かんが)える、いい考(かんが)え

오답해설

1 思(おも)う : 생각하다

예 国(くに)の両親(りょうしん)のことを思(おも)っています。

2 かむ : 씹다

예 かたい肉(にく)をかみます。

3 答(こた)える : 대답하다

예 質問(しつもん)に答(こた)えます。

18 정답 4

□ **しっかり**：확실히, 단단히, 꽉, 견실하게

㉠ 彼は若いのに、しっかりしています。

오답해설

1 **なかなか**：좀처럼

㉠ バスがなかなか来ません。

2 **ちっとも**：조금도

㉠ 何回聞いても、ちっともわかりません。

3 **さっき**：아까

㉠ さっき聞いたのに、忘れてしまいました。

19 정답 3

□ **故障(する)**：고장

㉠ 機械が故障して、止まっています。

오답해설

1 **失敗(する)**：실패

㉠ 計画は失敗しました。

2 **したく(する)**：준비, 채비

㉠ 夕飯のしたくをします。

4 **注意(する)**：주의

㉠ 車に注意してください。

20 정답 1

□ **連れる**：데리고 가(오)다, 동반하다

㉠ 友達を連れてパーティーへ行きます。

오답해설

2 **慣れる**：익숙하다

㉠ 日本の生活に慣れました。

3 **入れる**：넣다

㉠ 財布にお金を入れました。

4 **晴れる**：맑다

㉠ 雨が止んで、空が晴れました。

21 정답 3

□ **最近**：최근, 요즘

㉠ 最近の若い人、最近のニュース、
最近、ジョギングをしています。

오답해설

1 **最後**：최후, 마지막

㉠ 最後まで読みます。／最後に部屋を出ます。

2 **最初**：최초, 처음

㉠ 最初は難しかったが、だんだんわかってきました。

4 **明日**：내일

㉠ 今日は金曜日だから、明日は休みです。

22 정답 1

□ **ずっと**：계속, 줄곧

㉠ 朝からずっと働いています。

오답해설

2 **たまに**：때때로, 가끔

㉠ お酒はたまに飲みます。

3 **非常に**：매우, 상당히

㉠ 今年の夏は非常に暑かったです。

4 **とても**：매우

㉠ この料理はとてもおいしいです。

23 정답 4

□ **翻訳(する)**：번역

㉠ 彼は日本語をフランス語に翻訳する仕事をしています。

오답해설

1 **放送(する)**：방송

㉠ 今晩、試合を放送します。

2 **用意(する)**：준비

㉠ プレゼントを用意します。

3 **輸出(する)**：수출

㉠ 海外に自動車を輸出します。↔輸入(する)

24 정답 **3**

□ **とうとう**：드디어

㉓ 3年かかりましたが、とうとうできました。

오답해설

1 **特に**：특히

㉓ あの店の肉はおいしいですが、特にとり肉がおいしいです。

2 **そろそろ**：이제 곧, 슬슬

㉓ もう4時ですから、そろそろ帰りましょう。

4 **たまに** ⇒ 22 참조

㉓ たまに外で食事をします。

もんだい 4

25 정답 **2**

「しばらく」는 '잠시, 잠깐', 「おまちください」는 '기다려 주세요'라는 의미.

26 정답 **3**

「くれる」는 '해가 지다, 저물다'라는 의미.

27 정답 **4**

「かまいません」은 '좋습니다', '문제 없습니다'라는 의미.

28 정답 **1**

「じゃま」는 '방해, 장애'라는 의미.

29 정답 **1**

「うごいて」는 '(자동차가) 움직여서',
「びっくりする」는 '놀라다'라는 의미.

もんだい 5

30 정답 **3**

□ **試合**：시합

㉓ 試合に負けて残念です。

오답해설

1 コンクール、2 試験、4 展覧会 등이 적당.

31 정답 **4**

□ **十分(な)**：충분, 충분함

㉓ 食べ物は十分あります。

오답해설

1 すごく、2 たくさん、3 たくさん 등이 적당.

32 정답 **4**

□ **厳しい**：엄하다, 혹독하다

㉓ 練習はとても厳しいです。

오답해설

1 痛い、2 寂しい、3 悲しい 등이 적당.

33 정답 **4**

□ **すべる**：미끄러지다

㉓ 雪道を歩くときは、すべらないように気をつけてください。

오답해설

1 やめました、2 落ちました、3 降りました 등이 적당.

34 정답 **2**

□ **見物(する)**：구경

㉓ 旅行の2日目は、京都を見物します。

오답해설

1 見ました、3 見ました、4 読みました 등이 적당.

언어지식 (문법)·독해

문법

もんだい 1

1 정답 2

□ **～で～** : ～에서～

예 公園でサッカーをした。(동작의 장소)

오답해설

1 公園にこどもがいる。(～에/존재의 장소)

3 朝ごはんを食べる。(～을/동작의 대상)

4 あの山は高い。(～은/주제)

2 정답 1

□ **～しか～ない** : ～밖에 ～않다/없다

예 弟は100円しか持っていない。

오답해설

2 コーヒーでも飲みましょうか。(～라도)

3 妹は今朝、バナナだけ食べて学校へ行った。(～만)

4 山田さんにもプレゼントをあげました。(～에게 ～를 줍니다)

3 정답 4

□ **～か～** : ～(인)지～, ～(인)가～

예 彼がどこへ行ったか、わかりません。(의문사+か의 형태)

4 정답 3

□ **～を～** : ～를～

예 道を歩きます。(장소+を+이동동사)

※이동동사 : 「歩く, とおる, 散歩する」등.

오답해설

1 子どもが遊んでいる。(～가)

2 公園でサッカーをした。(～에서)

4 公園に池があります。(～에)

5 정답 1

□ **～には～** : ～에는～

예 9時までには家に帰ります。

오답해설

2 ここではたばこをすってはいけません。(～에서는)

3 日本にも中国料理の店はたくさんあります。(～에도)

4 彼は家でも仕事をします。(～라도)

6 정답 4

□ **どうやって** : 어떻게

예 すきやきは、どうやって作るんですか。(방법)

오답해설

1 どうして会議に遅れたんですか。(왜/이유)

2 駅まで歩いてどのくらいかかりますか。(어느 정도/시간이나 정도)

3 この漢字はどういう意味ですか。(어떠한/내용)

7 정답 4

□ **~から** : ~으로, ~이므로
예 外は寒いから、今日はずっと家にいるつもりです。(이유)

오답해설
1 これは田中さんがつくったものです。(~것/구체적)
2 私の趣味は本をよむことです。(~것/추상적)
3 おいしいレストランなら、さくらレストランがいいですよ。(~라면/조건)

8 정답 2

□ **~がする** : (냄새 등)이 나다
예「このカレー、変な味がしますね。」
(「味・におい・音」+がします)

오답해설
1 風邪をひいていましたが、もう元気になりました。(~해 지다/변화)
3「~がなります」×→「~になります」
4 私は今から宿題をします。(~을 하다)

9 정답 1

□ **やっと** : 겨우, 간신히
예 2時間歩いて、やっと友達の家についた。
(=大変だったが/時間がかかったが)

오답해설
2 彼は朝から晩までずっと本を読んでいる。
(줄곧, 쭉)
3 彼はきっと試験に合格できる。(꼭/확신)
4 彼はもっと勉強したほうがいい。(더, 더욱)

10 정답 2

□ **~ようになりました** : ~하게 되었습니다
예 日本語の新聞が読めるようになりました。
(변화)

오답해설
1 仕事でアメリカにいくことになりました。
(=주변의 사정으로 정해졌다)
3 友達に会うために、アメリカにいくことにしました。(=자신이 정했다)
4 毎日漢字を10個覚えるようにしました。
(=노력해서 계속하기로 정했다)

11 정답 3

□ **~ばかり** : ~한지 얼마 안 됨
예 私はさっき起きたばかりです。(동사た형+ばかり/まだ時間があまりたっていない)

오답해설
1 外は寒いから、今日はずっと家にいるつもりだ。(~이므로/이유)
2 朝起きた時、雨が降っていました。(~때/시간)
4 私の趣味は本をよむことです。(~것/일)

12 정답 2

□ **~は~に~ていただく** : ~는 ~에게 ~해 받다
예 私は部長に本を貸していただきました。
(「~てもらう」보다 정중한 형태)

오답해설
1 先生の奥様が料理を教えてくださいました。
(가르쳐 주셨습니다)
3 私は子どもに日本語を教えたいです。
(가르치고 싶다/희망)
4「教えさせた」는 사역형.

13 정답 3

□ ~うちに：~하는 동안에

예 子供が寝ているうちに、部屋のそうじをする。（=寝ているあいだに）

「冷めない=温かい」이므로, 답은 3번.

14 정답 1

□ ~し、~し：~고 ~고

예 彼は明るいし、親切だし、クラスのみんなに人気がある。(이유의 나열)

오답해설

2 言葉の意味がわからないときは、辞書を引くとか、友達に質問するとかして調べる。

3 休みの日は、本を読んだり、スポーツをしたりしている。

4 パーティーに行くか、行かないか、悩んでいる。

15 정답 1

□ ~すぎる：너무 ~하다

예 昨日の晩、お酒を飲みすぎたので、頭が痛い。

※동사ます형+すぎる

もんだい 2

16 정답 1

しゅくだいが　2終わったら　3公園を　1散歩しよう　4と　思って　いる。

17 정답 3

リサさんは　仕事が　4いそがしくても　1一日も　3休まずに　2日本語の　勉強を続けている。

18 정답 4

今年の　2冬は　1去年　4ほど　3寒くない。

19 정답 4

次の会議　2は　1２週間後　4に　3開かれるそうだ。

20 정답 2

A「今日は　午後から　雨が　ふるそうですよ。」

B「えっ。そうなんですか。朝は　晴れていたので、1かさを　4持たないで　2来て　3しまいました。」

もんだい 3

21 정답 2

'A할 때 언제나 B'라는 의미의 표현이 들어가야 한다.

오답해설

1, 4 여기서는 ない형은 맞지 않음.

3 フランス料理を食べるなら、駅前のレストランがいいですよ。(=A할 때는 B가 좋다)

22 정답 4

「はじめて食べた日本料理」가 힌트→'경험이 없음'을 나타낸다.

오답해설

1, 2는 경험을 나타내지 않음. 3은 긍정.

23 정답 3

「（~に）~が~てくれる」라는 표현이 와야한다.

→ お母さんが作ってくれた

오답해설

1 私は先生に立たされた。(=「私」가 일어섰다／사역수동)

2 私は妹に料理を作ってあげた。(=「私」가 만들었다)

4 私は奥様に料理を教えていただいた。(=「奥様」가 가르쳤다)

24 정답 1

「（すきやきを）作る」라는 동작의 장소를 나타내는 표현이 들어간다.→「～でも」

오답해설

2 今日はどこへも行きませんでした。(～에도)

3 かさを探したんですが、どこにもありませんでした。(～에도)

4 誕生日に、田中さんからもプレゼントをもらいました。(～에게도)

25 정답 3

다음에 이어지는 「あまり上手にできませんでした。」가 힌트.

오답해설

1 田中さんは明るいし、まじめだし、それに親切です。(추가)

2 私は泳ぐことができません。だから海へ行っても泳ぎません。(이유)

4 仕事が忙しくなった。それでテニスをやめてしまった。(이유)

독해

もんだい 4 (단문)

(1)「목욕」

26 정답 3

테마는 「かぜをひいたときに、お風呂に入るのかどうか」. 이 사람은 「高い熱があるときには…お風呂はやめたほうがいい」지만, 「熱がだいぶ下がったとき」에는 「お風呂に入ったほうが気分もよくなってよい」라고 말하고 있다.

주요어휘

☐ **風呂**：목욕
☐ **湯**：목욕물, 목욕탕
☐ **習慣**：습관
☐ **そこで**：그래서
☐ **問題**：문제
☐ **～(の)かどうか**：~인지 어떤지, ~여부
☐ **もちろん**：물론
☐ **熱**：열
☐ **だいぶ**：상당히
☐ **昔**：옛날
☐ **気分**：기분

(2)「동물원」

27 정답 4

질문의 「いろいろ変わってきている」는 첫 문장의 「新しい見せ方が考えられている」를 가리킨다. 같은 문장의 「動物が動いているところを見せるために」가 「いろいろ変わってきている」의 이유.

오답해설

1→ 바뀐 동물원의 예. 이유가 아님. 「いつでも」라고는 쓰여있지 않음.

2→ 동물원에 온 사람이 동물을 「近くで見る」. 이것도 바뀐 동물원의 예. 이유가 아님.

3→ 동물들이 「泳いだり動いたりしたがった」라고는 쓰여있지 않음.

주요어휘

- □ 最近(さいきん) : 최근
- □ たとえば : 예를 들어
- □ 自由(じゆう)に : 자유롭게
- □ 特別(とくべつ)(な) : 특별
- □ (～に)慣(な)れる : (～에) 익숙해지다
- □ ～たがる : ～하고 싶어하다

  ※'자신이나 우리' 이외의 사람에게 말한다.
  行(い)きたがる (=行(い)きたいと思(おも)う)
- □ 変(か)わる : 바뀌다

(3)「유치원」

28 정답 **4**

이유를 나타내는 「～ので」에 주의. 마지막 문장의 「私(わたし)はみんなで同(おな)じことをするのに興味(きょうみ)がなかったので」가 「幼稚園(ようちえん)には行(い)かないと自分(じぶん)で決(き)めた」의 이유.

오답해설

1→ 유치원에 가지 않았기 때문에, 못 들었다. 「～から」의 「～」가 이유.

2→ 친구들 대부분은 유치원에 갔음.

3→ 음악이나 댄스가 싫다고는 쓰여있지 않음.

주요어휘

- □ 幼稚園(ようちえん) : 유치원
- □ (～に)かよう : (～에, ～를) 다니다
- □ (～に)慣(な)れる : (～에) 익숙해지다
- □ (～に)興味(きょうみ)がない : (～에) 관심이 없다

(4)「전기안전 체크 연락」

29 정답 **1**

「電気(でんき)の止(と)まる場所(ばしょ)」가 어디인지, 무엇이 안되는지를 찾는다. 「エレベーターは動(うご)きません」이 답.

오답해설

2→ 「テレビやパソコンは使(つか)うことができます」라고 되어있음.

3→ 「マンションの１階入口(かいいりぐち)のドア」는 '체크하는 동안에 열어'둠.

4→ '열거나 닫는 것이 안되는'것은 맨션의 1층 입구의 문. 방에는 전기가 들어옴.

주요어휘

- □ 電気(でんき) : 전기
- □ 安全(あんぜん) : 안전
- □ チェック(する) : 체크
- □ 連絡(れんらく)(する) : 연락
- □ 場所(ばしょ) : 위치
- □ ～のあいだ : ～사이
- □ パソコン : 컴퓨터
- □ 予定(よてい)(する) : 예정

もんだい５(중문)

「정월」

30 정답 **2**

세 번째 행에 「スーパーでおおぜいの人(ひと)が…買(か)っているのを見(み)た。」라고 쓰여있다.

오답해설

1→ 두 번째 행에 「何(なに)も買(か)わなかった」라고 쓰여있음.

4→ 신사에 간 것은 「1月1日(がつついたち)」(일곱 번째 행).

31 정답 **2**

일곱 번째 행에 「びっくりしたのは、…並(なら)んでいたことだ。」라고 쓰여있다.

32 정답 **2**

열한 번째 행에 「やっと神社(じんじゃ)に入(はい)れて、「よい年(とし)になるように」と祈(いの)った。」라고 쓰여있다.

오답해설

4→ 오미쿠지를 뽑은 것은 선배.

33 정답 3

1월 1일에 「神社に行こうとする人がたくさんいた(일곱 번째 행)」라고 쓰여있어, 일본인의 정월 관습이라고 생각할 수 있다.

오답해설

1→ 특별한 요리는 「12月31日までに作る」. (네 번째 행)

2→ 「今では…する人もいる」(다섯 번째 행)는 지금까지 없었던 새로운 것을 기술한 것. 관습이 아님.

4→ 「よい年になるようにと祈る」(열한 번째 행). 「おみくじをもらう」가 틀림.

주요어휘

- □ 正月：정월, 설
- □ 経験(する)：경험
- □ まず：우선
- □ スーパー：슈퍼마켓
- □ 食料品：식료품
- □ 特別(な)：특별
- □ ～ため(だ)：～를 위해
  - 예 昨日は早く寝た。早く起きるためだ。＝早く起きるために、早く寝た。
- □ ずっと：쭉, 계속
- □ 習慣：습관
- □ 食事(する)：식사
- □ 先輩：선배
- □ 神社：신사
- □ びっくりする：놀라다
- □ ～が見つかる：～이 발견되다
- □ 盗む：훔치다
- □ さがす：찾다
- □ やっと：겨우, 간신히
- □ ～ように：～하기를(빌다)
  - 예 明日、晴れますように。내일 맑기를 빕니다
- □ 祈る：기도하다

もんだい 6 (정보검색)

「음악연습실」

34 정답 2

요금표의 「月～金16：30－22：30」와 「前日予約」을 보자. 「5人で2時間で2500円以内」를 찾는다. B의 전날 예약이 1200엔×2시간＝2400엔.

오답해설

1→ A의 전날 예약. 1500엔×2시간＝3000엔.

3→ C의 월～금. 1300엔×2시간＝2600엔.

4→ D는 4명까지.

35 정답 4

「ご予約をキャンセルするときは」를 보자. 3일 전, 2시간 취소료는 이용요금 (D의 목요일 오전 2시간＝500엔×2시간＝1000엔) 의 60%.

주요어휘

- □ ～室：～실, 방
  - 예 相談室 상담실
- □ 利用(する)：이용
- □ (部屋が) 空いている：(방이) 비어 있다
- □ 料金：요금
- □ ～料：～료, 요금

N4 필수 한자 체크! ①

※어려운 읽기와 N5레벨의 한자는 넣지 않았습니다.

□ **悪**　わる－い

(예) 悪(わる)いニュース、天気(てんき)が悪(わる)い。

□ **暗**　くら－い

(예) 暗(くら)い部屋(へや)

□ **以**　イ

(예) 10人以上(にんいじょう)、18歳以下(さいいか)、1週間以内(しゅうかんいない)

□ **医**　イ　(예) 医者(いしゃ)

□ **意**　イ

(예) 意見(いけん)、意味(いみ)

□ **引**　ひ－く

(예) 線(せん)を引(ひ)く、1000円引(えんひ)く、割引(わりびき)

□ **員**　イン

(예) 店員(てんいん)、会社員(かいしゃいん)

□ **院**　イン

(예) 病院(びょういん)、大学院(だいがくいん)

□ **運**　ウン／はこ－ぶ

(예) 運動(うんどう)／テーブルを運(はこ)ぶ

□ **映**　エイ　(예) 映画(えいが)

□ **遠**　とお－い

(예) 駅(えき)から遠(とお)い

□ **屋**　オク／や

(예) 屋上(おくじょう)／屋根(やね)、パン屋(や)

□ **音**　オン／おと

(예) 音楽(おんがく)／音(おと)が鳴(な)る、音(おと)が聞(き)こえる、音(おと)がする。

□ **夏**　なつ

(예) 夏休(なつやす)み、真夏(まなつ)

□ **家**　カ／いえ　や

(예) 家族(かぞく)、小説家(しょうせつか)／家(いえ)の近所(きんじょ)／家賃(やちん)、大家(おおや)

□ **歌**　カ／うた　うた－う

(예) 歌手(かしゅ)／歌声(うたごえ)

□ **画**　ガ　カク

(예) 映画(えいが)、テレビの画面(がめん)、画家(がか)／計画(けいかく)

□ **回**　カイ／まわ－る　まわ－す

(예) 今回(こんかい)・次回(じかい)・前回(ぜんかい)、毎回(まいかい)／かぎが回(まわ)らない、京都(きょうと)を回(まわ)る

□ **海**　カイ／うみ

(예) 海岸(かいがん)、海外旅行(かいがいりょこう)／海(うみ)の生(い)き物(もの)

□ **界**　カイ　(예) 世界(せかい)

□ **開**　カイ／ひら－く　あ－く　あ－ける

(예) 開店(かいてん)／本(ほん)を開(ひら)く、10時(じ)に開(あ)く、窓(まど)を開(あ)ける

□ **楽**　ガク　ラク／たの－しい　たの－しむ

(예) 音楽(おんがく)、楽(らく)な仕事(しごと)／楽(たの)しい旅行(りょこう)、スポーツを楽(たの)しむ

□ **寒**　カン／さむ－い

(예) 寒(さむ)い季節(きせつ)

□ **漢**　カン　(예) 漢字(かんじ)

□ **館**　カン

(예) 映画館(えいがかん)、図書館(としょかん)、体育館(たいいくかん)、館内(かんない)

□ **顔**　ガン／かお

(예) 顔(かお)を洗(あら)う

□ **起**　お－きる　お－こる　お－こす

(예) 7時(じ)に起(お)きる、事故(じこ)が起(お)きる・起(お)こる。／娘(むすめ)を起(お)こす

□ **帰**　キ／かえ－る　かえ－す

(예) 帰国(きこく)／家(いえ)に帰(かえ)す

□ **究**　キュウ　(예) 研究(けんきゅう)

□ **急**　キュウ／いそ－ぐ

(예) 急(きゅう)な仕事(しごと)、急(きゅう)に泣(な)く、急行(きゅうこう)、急(いそ)いで帰(かえ)る

□ **牛**　ギュウ／うし

(예) 牛乳(ぎゅうにゅう)、牛肉(ぎゅうにく)／子牛(こうし)

□ **去**　キョ

(예) 去年(きょねん)

□ **京**　キョウ

(예) 東京(とうきょう)、京都(きょうと)

□ **強**　キョウ／つよ－い

(예) 強風(きょうふう)／強(つよ)いチーム

□ **教**　キョウ／おし－える

(예) 教育(きょういく)、教師(きょうし)／ダンスを教(おし)える

□ **業**　ギョウ

(예) 工業(こうぎょう)、自動車産業(じどうしゃさんぎょう)

□ **近**　キン／ちか－い

(예) 近所(きんじょ)／駅(えき)から近(ちか)い

□ **銀**　ギン　(예) 銀行(ぎんこう)

□ **区**　ク

(예) 東京都(とうきょうと)○○区(く)△△町(ちょう)、○○区(く)の計画(けいかく)

청해

問題 1

例　정답 2

男の人と女の人が話しています。男の人は、このあとまずどこに行きますか。

M：ちょっと本屋に行ってくるね。
F：あっ、じゃあ、朝食用のパンを買ってきてくれない？
M：よく行く駅前のパン屋？
F：あそこまで行かなくていいよ、遠いから。ABC スーパーでいいよ。普通のトースト用のパンでいいから。
M：わかった。
F：ああ、だから、コンビニでもいいよ。
M：うん。じゃあ、帰りに寄るよ。

男の人は、このあとまずどこに行きますか。

오답해설

빵은「帰りに寄るよ」→ 돌아오는 길에 삼.

주요어휘

□ ～用：～용
□ 駅前：역 앞
□ トースト：토스트

1番　정답 3

デパートで、女の人と店の人が話しています。女の人が見たいのはどの時計ですか。

F：すみません、その白い時計を見たいんですが。
M：こちらでしょうか。
F：いえ、一番上のじゃなくて、上から２段目のです。
M：はい。…。小さいのと大きいのがありますが、どちらでしょうか。
F：小さい方です。
M：はい、こちらですね。
F：ありがとうございます。

女の人が見たいのはどの時計ですか。

오답해설

「白い時計」「上から２段目」「小さい方」를 듣고 답을 고른다.

주요어휘

□ ～段目：～번째 단

2番　정답 2

女の人と男の人が話しています。二人はこれからどこへ行きますか。

F：これから、どこ行く？
M：本屋へ行かない？
F：そうね…。でも、さっきデパートで買い物したら、少し疲れちゃった。
M：服を選ぶのに、２時間もかかったからね。じゃあ、喫茶店でコーヒーでも飲んで、それから本屋へ行こうか。
F：うん、そうしよう。あ、それから、本屋へ行ったあとで、スーパーにも行っていい？晩ごはんの材料を買いたいから。
M：うん。いいよ。

二人はこれからどこへ行きますか。

주요어휘

□ 選ぶ：고르다
□ ～でも：'～라도 OK'라는 가벼운 기분을 나타냄.
　예 お昼のあと、映画でも見ない？
□ 材料：재료

3番　정답 2

レストランで店の人がお客さんに話しています。店に来たお客さんは、まず何をしなければなりませんか。

M：いらっしゃいませ。お二人さまですか。大変申し訳ありません。ただ今、席がいっぱいでして…。こちらにお名前をお書きいただいてから、あちらのいすにお座りになってお待ちいただけますか。席が空きましたら、お名前をお呼びします。

店に来たお客さんは、まず何をしなければなりませんか。

오답해설

「お名前をお書きいただいてからあちらの…」의「てから」가 힌트.

주요어휘

- □ **大変**：매우, 대단히
- □ **こちら**：「ここ」의 정중한 말
- □ **あちら**：「あそこ」의 정중한 말
- □ **お座りになって**：「座って」의 존경어

4番　정답 1

学校で日本語の先生と男の留学生が話しています。男の留学生は来週の授業に何を持ってきますか。

F：来週は、みなさんの家族について日本語で話してもらいます。ですので、家族を紹介する作文を書いて、持ってきてください。

M：わかりました。先生、家族の写真を持ってきてもいいですか。みんなに見てもらおうと思うんです。

F：ええ。写真があると、わかりやすくて、いいですね。

M：はい。じゃあ、持ってきます。それから、教科書は持ってきたほうがいいですか。

F：はい、あとで教科書も使いますから、持ってきてください。

M：わかりました。

男の留学生は来週の授業に何を持ってきますか。

5番　정답 4

電話で男の人がバスを予約しています。男の人はどの席を予約しましたか。

F：はい、「さくらバス」でございます。

M：あのう、明後日の午前７時に東京へ行くバスを、二人分予約したいんですが…。

F：はい。明後日の午前７時、東京へ行くバスを、お二人ですね。席は隣がよろしいですか。

M：ええ、お願いします。あ、それから、前の方の席がいいんですが…。

F：申し訳ありません。前の方だと、お二人別々になるんですが…。

M：そうですか…。じゃ、後ろの席でお願いします。

F：はい、かしこまりました。

男の人はどの席を予約しましたか。

오답해설

「隣の席のほうがよろしいですか」→「ええ…」「じゃ、後ろの席で…」에서 답을 고른다.

주요어휘

- □ **予約(する)**：예약
- □ **～人分**：～인분
- □ **別々**：각각

6番　정답 4

女の人と男の人が話しています。二人はどこへ旅行に行きますか。

F：今度の旅行だけど、どこへ行く？

M：いろいろあるね～。僕はやっぱり体を動かせるのがいいなあ。自転車に乗ったり、山に登ったり！

F：え～、わたしはもう少しゆっくりしたいから、お寺に行ってみたいな。歴史の勉強もできるし。

M：うーん、勉強かあ…。それか、海はどう？海なら僕が泳いでいる間に、君は海の近くを散歩できるよ！

F：二人で行くのに、違うことをするの？　そんなの変よ。

M：わかったよ。じゃあ、今回は君の行きたいところへ行くよ。体を動かすのは一人でできるから。

F：じゃ、そうしよう。

二人はどこへ旅行に行きますか。

7番　정답 3

会社で男の人と女の人が話しています。男の人はボーナスをもらったら、どうしますか。

M：もうすぐボーナスが出ますね。

F：ええ。楽しみですね。私はボーナスが出たら、服が買いたいです。ほしい服がたくさんあるんです。

M：いいですね。

F：田中さんは？

M：私は自分のためには使えません。もうすぐ子どもが大学生になるし、貯金しなければなりませんので。若いころは、旅行に行ったり、車に使ったりしたんですが…。

F：そうですか。

男の人はボーナスをもらったら、どうしますか。

오답해설

2, 4는 남자가 젊었을 때.

주요어휘

☐ **ボーナス**：보너스

☐ **貯金**：저금

8番　정답 4

男の人と女の人が話しています。女の人はいつ、どこへ行きますか。

M：えーと、明日のパーティーですが、午後８時に「さくらレストラン」に集まってください。

F：あ、すみません。お店の場所がよくわからないんですが…。

M：そうですか。少しわかりにくいですからね。じゃ、お店の場所がわからない人は、15分前にさくら駅に来てください。駅から私と一緒に行きましょう。

F：ありがとうございます。

M：駅の北の出口で待っていますね。

F：はい。

女の人はいつ、どこへ行きますか。

오답해설

「15分前にさくら駅に」가 포인트.

주요어휘

☐ **場所**：장소, 위치

問題2

例　정답 3

男の学生と女の学生が話しています。女の学生は、どうしてアルバイトをやめましたか。

M：アルバイトやめたんだって？

F：うん。

M：お金は結構良かったんでしょ？

F：うん、良かったよ。おかげで留学するためのお金もできたし。

M：じゃあ、なんで？

F：最近、勉強のほうが大変になってきちゃって。

M：そうなんだ。

女の学生は、どうしてアルバイトをやめましたか。

주요어휘

□ ～(んだ)って？：「～って」는 전해 들은 것을 나타냄. 「～って？」는 '~라고 들었는데, 정말?'이라는 의미. 「～んだ」는 놀라거나 감동한 마음을 나타냄.

□ なんで？：어째서?

1番　정답 4

アパートの前で女の人と男の人が話しています。男の人は何曜日にゴミを出しますか。

F：あ、ちょっと、今日はそのゴミを出す日じゃありませんよ。

M：えっ？　でも、火曜日がゴミの日だと聞いたんですが…。

F：今日はびんや缶を出す日ですから、それ以外のゴミは出せませんよ。

M：そうですか。すみません。こういう燃えるゴミはいつ出せばいいんでしょうか。

F：毎週月曜日と木曜日に出せますよ。

M：わかりました。じゃあ、あさって出します。

男の人は何曜日にゴミを出しますか。

주요어휘

□ びん：병

□ 缶(かん)：캔

□ 燃える(もえる)：타다

2番　정답 3

ニュースでアナウンサーが話しています。アナウンサーはこの動物園はどんなところだと言っていますか。

M：今日は、さくら動物園にきています。この動物園は、いつもお客さんでいっぱいです。ここでは、小さい動物に直接さわったり、えさをやったりすることができるので、親子で来ることが多いそうです。動物園はあまり広くないですし、動物の数も多くありませんが、このように動物に近づくことができるのが、人気の理由です。さくら駅からバスで10分と、とても近いので、皆さんもぜひ来てください。

アナウンサーはこの動物園はどんなところだと言っていますか。

주요어휘

□ 動物園(どうぶつえん)：동물원

□ 直接(ちょくせつ)：직접

□ えさ：먹이

□ 親子(おやこ)：부모 자식

3番　정답 3

大学で女の学生と男の学生が話しています。男の学生はこれから何をしますか。

F：今度のパーティー、いつがいいかな？

M：そうだね。そろそろ決めなくちゃね。これからみんなに連絡して、参加できる日を聞いてみるよ。

F：ありがとう。店はどこがいいかなあ…。あ、いい店があった。おいしいし、値段も安かったと思う。

M：へー。じゃ、そこにしよう。

F：そうね。じゃ、日にちが決まったら、店の予約は私がするね。

M：おっけー、じゃ、また連絡するよ。

男の学生はこれから何をしますか。

주요어휘

□ 決めなくちゃ(きめなくちゃ)：정하지 않으면 (안 된다)

4番　정답 1

会社で男の人と女の人が話しています。男の人はどうして会議の時間を変えてほしいと言っていますか。

M：すみません、来週の会議ですが、6時からではなくて、6時半からに変えることはできませんか。

F：え、どうしてですか。

M：6時だと広い会議室が空いていなくて、予約できなかったんです。6時半からなら、空いているそうですが…。

F：そうですか…。
M：ああ、あと、もう少しせまい会議室なら６時から空いているそうです。
F：う～ん。でも、人数も多いですし、やっぱり広い会議室のほうがいいでしょう。じゃ、時間を変えましょう。
M：はい。わかりました。

男の人はどうして会議の時間を変えてほしいと言っていますか。

주요어휘

□ 人数(にんずう)：인원수

5番　정답 3

大学で先生が話しています。レポートはどうやって出さなければなりませんか。

M：えー、この授業のレポートですが、来週の金曜日までに出してください。私の研究室の前に、箱を置いておきますから、レポートはそこに入れるように。郵便やＥメールで送ってきたり、直接私に渡したりしないようにしてください。それから、ときどきレポートが間に合わなかった学生が研究室に相談にくることがありますが、それもだめです。

レポートはどうやって出さなければなりませんか。

주요어휘

□ ～(する)ように：「～ように。」는 「～ようにしてください。」의 약간 강한 말투
□ 直接(ちょくせつ)：직접

6番　정답 2

電話で女の人と男の人が話しています。男の人はどうして電話をしましたか。

F：はい。
M：ああ、鈴木だけど、もう着いた？
F：うん。
M：今、駅にいるんだけど、事故があったみたいで、電車がなかなか来ないんだ。それで、少し遅れそうなんだ。ごめん！
F：わかった。何時ごろ来られそう？
M：それが、まだわからないんだ。でも、できるだけ早くそっちに行くから。もう少し待ってくれない？
F：わかった。気をつけてね。

男の人はどうして電話をしましたか。

7番　정답 3

大学で、女の学生と男の留学生が話しています。男の留学生は大学を卒業したら、何をするつもりですか。

F：もうすぐ４年生ですね。カルロスさんは、卒業したら何をする予定ですか。
M：そうですね。前は卒業したら国へ帰って働くつもりでしたが…。今はもう少し日本にいて、勉強を続けたいと思っています。
F：そうですか。
M：この前、両親に相談しましたが、両親もそれでいいと言ってくれました。
F：よかったですね。
M：ところで、田中さんはどうするんですか。
F：私は東京で働きたいと思っています。今度、東京の会社の試験を受けるつもりです。
M：そうですか。早く決まるといいですね。がんばってください。

男の留学生は大学を卒業したら、何をするつもりですか。

問題3

例 정답 3

23 1회

久しぶりに先生に会いました。何と言いますか。

F：1 ようこそ。
  2 失礼いたしました。
  3 お久しぶりです。

주요어휘

□ **ようこそ**：환영합니다

□ **失礼いたしました**：실례했습니다

1番 정답 3

デパートで服を選んでいます。店の人に、もう少し大きいサイズの服を持ってきてほしいです。何と言いますか。

F：1 もう少し大きくしてください。
  2 もう少し大きくしたいんですが…。
  3 もう少し大きいサイズはありますか。

2番 정답 2

友達に辞書を借りたいです。何と言いますか。

M：1 その辞書、借りてもらえない？
  2 その辞書、貸してくれない？
  3 その辞書、貸してあげる。

3番 정답 1

週末、一緒にコンサートに行きたいです。何と言いますか。

F：1 週末、忙しい？ 一緒にコンサートに行かない？
  2 週末、時間ある？ コンサートに行きたいそうだよ。
  3 週末、一緒にコンサートに行ってみたよ。

4番 정답 2

友達が風邪でアルバイトを休むと電話してきました。電話を切る時、何と言いますか。

M：1 元気でね。
  2 お大事に。
  3 気をつけて。

5番 정답 1

先生に、レポートを出すのが遅れたことを謝りたいです。何と言いますか。

F：1 遅れてしまって、すみませんでした。
  2 すみませんが、少しお待ちください。
  3 すみません。お待たせしました。

問題4

例 정답 2

F：Mサイズしかありませんが、よろしいですか。

M：1 どうぞ。
  2 結構です。
  3 かしこまりました。

주요어휘

□ **結構です**：여기서는 '좋습니다, 괜찮습니다'

1番 정답 2

M：もう会議の準備は終わりましたか。

F：1 はい、終わりましょう。
  2 いいえ、まだ終わっていません。
  3 いいえ、終わりませんでした。

2番(ばん)　정답3

32
1회

F：いつ国(くに)へ帰(かえ)りますか。

M：1 いいえ、帰(かえ)りませんでした。
　2 もうすぐ3か月(げつ)です。
　3 来月(らいげつ)帰(かえ)ります。

3番(ばん)　정답2

33
1회

M：ねえ、その写真(しゃしん)見(み)せてくれない？

F：1 ええ、見(み)せて。
　2 ええ、どうぞ。
　3 ええ、見(み)てあげる。

4番(ばん)　정답1

F：ここに荷物(にもつ)を置(お)かないで。じゃまだから。

M：1 わかった。片(かた)づけるよ。
　2 ううん、まだ片(かた)づけてないよ。
　3 うん。片(かた)づけたかったよ。

5番(ばん)　정답3

F：髪(かみ)、伸(の)びたね。そろそろ切(き)ったらどう？

M：1 ありがとう。いいと思(おも)うよ。
　2 うん。切(き)ってくれた。
　3 うん。そうするよ。

6番(ばん)　정답1

M：卒業(そつぎょう)したら、何(なに)をするつもりですか。

F：1 日本(にほん)の会社(かいしゃ)で働(はたら)くつもりです。
　2 はい、来年(らいねん)卒業(そつぎょう)します。
　3 日本(にほん)の会社(かいしゃ)で働(はたら)いたことがあります。

7番(ばん)　정답2

37
1회

F：遅刻(ちこく)して、すみませんでした。
M：1 どういたしまして。
　2 次(つぎ)は気(き)をつけてください。
　3 遅刻(ちこく)しそうでしたね。

8番(ばん)　정답3

M：京都(きょうと)に行(い)ったことがありますか。

F：1 はい、京都(きょうと)にあります。
　2 いいえ、行(い)きませんでした。
　3 はい、あります。

제1회
제2회
제3회
문자·어휘
문법
독해
청해

N4 필수 한자 체크! ②

※어려운 읽기와 N5레벨의 한자는 넣지 않았습니다.

□ **兄** ケイ　キョウ／あに
예 兄弟(きょうだい)／兄(あに)に習(なら)う

□ **計** ケイ／はかーる
예 計画(けいかく)、計算(けいさん)、合計(ごうけい)／時間(じかん)を計(はか)る

□ **軽** かるーい
예 軽(かる)い荷物(にもつ)、軽(かる)い運動(うんどう)、軽(かる)いけが

□ **犬** いぬ　예 子犬(こいぬ)

□ **建** たーてる　たーつ
예 家(いえ)を建(た)てる、建物(たてもの)、駅(えき)ビルが建(た)つ

□ **研** ケン　예 研究(けんきゅう)

□ **県** ケン
예 広島県(ひろしまけん)、県(けん)の美術館(びじゅつかん)

□ **験** ケン　예 経験(けいけん)

□ **元** ゲン　예 元気(げんき)

□ **口** コウ／くち
예 人口(じんこう)／口(くち)を開(あ)ける、入口(いりぐち)・出口(でぐち)

□ **工** コウ　예 工場(こうじょう)

□ **広** ひろーい　예 広(ひろ)い庭(にわ)

□ **光** ひかーる　ひかり
예 青(あお)く光(ひか)る、月(つき)の光(ひかり)

□ **好** すーき
예 好(す)きな食(た)べ物(もの)

□ **考** かんがーえる
예 よく考(かんが)えて決(き)める

□ **合** ゴウ／あーう
예 集合(しゅうごう)／赤(あか)ワインに合(あ)う、答(こた)えが合(あ)う

□ **黒** コク／くろ　くろーい
예 黒板(こくばん)／黒(くろ)のペン、黒(くろ)いセーター

□ **菜** サイ　예 野菜(やさい)

□ **作** サク　サ／つくーる
예 作文(さくぶん)、作業(さぎょう)／料理(りょうり)を作(つく)る

□ **産** サン／うーむ　うーまれる
예 生産(せいさん)、産業(さんぎょう)／赤(あか)ちゃんを*産(う)む、子(こ)どもが*産(う)まれる　＊「生」が使われることが多い。

□ **止** シ／とーまる　とーめる
예 中止(ちゅうし)／時計(とけい)が止(と)まる、機械(きかい)を止(と)める

□ **仕** シ　예 仕事(しごと)

□ **市** シ　예 市役所(しやくしょ)、市(し)の計画(けいかく)

□ **死** シ／しーぬ
예 病気(びょうき)で死(し)ぬ

□ **私** わたくし　わたし
예 私(わたし/わたくし)たち

□ **使** シ／つかーう
예 大使館(たいしかん)、使用中(しようちゅう)

□ **始** はじーめる　はじーまる
예 作業(さぎょう)を始(はじ)める、授業(じゅぎょう)が始(はじ)まる

□ **姉** シ／あね　예 姉妹(しまい)／私(わたし)の姉(あね)

□ **思** おもーう
예 思(おも)ったことを書(か)く

□ **紙** シ／かみ
예 コピー用紙(ようし)、新聞紙(しんぶんし)

□ **試** シ　예 試験(しけん)

□ **字** ジ
예 漢字(かんじ)、難(むずか)しい字(じ)

□ **自** ジ
예 自動車(じどうしゃ)、自転車(じてんしゃ)、自分(じぶん)

□ **事** ジ／こと
예 事故(じこ)、火事(かじ)、用事(ようじ)、大事(だいじ)な話(はなし)／自分(じぶん)の事(こと)、仕事(しごと)

□ **持** もーつ　예 かばんを持(も)つ

□ **室** シツ
예 教室(きょうしつ)、研究室(けんきゅうしつ)

□ **質** シツ　예 質問(しつもん)

□ **写** シャ／うつーす
예 写真(しゃしん)／ノートに写(うつ)す

□ **者** シャ
예 新聞記者(しんぶんきしゃ)、入学者(にゅうがくしゃ)、研究者(けんきゅうしゃ)

□ **借** シャク／かーりる
예 お金(かね)を借(か)りる

□ **弱** よわーい　예 力(ちから)が弱(よわ)い

□ **主** おも　예 主(おも)な産業(さんぎょう)

□ **首** くび　예 首(くび)が痛(いた)い

□ **秋** あき　예 秋(あき)の野菜(やさい)

□ **終** おーわる　おーえる
예 授業(じゅぎょう)が終(お)わる、作業(さぎょう)を終(お)える。

□ **習** シュウ／ならーう
예 学習(がくしゅう)／ピアノを習(なら)う

모의고사 제2회 정답 · 해설

정답

언어지식 (문자 · 어휘)

問題 1 (もんだい)		問題 4 (もんだい)	
1	4	25	3
2	1	26	2
3	3	27	2
4	4	28	2
5	2	29	3
6	3	問題 5 (もんだい)	
7	1	30	4
8	2	31	1
9	1	32	4
問題 2 (もんだい)		33	3
10	4	34	3
11	1		
12	1		
13	4		
14	2		
15	1		
問題 3 (もんだい)			
16	1		
17	3		
18	2		
19	4		
20	1		
21	3		
22	4		
23	3		
24	4		

언어지식 (문법) · 독해

問題 1 (もんだい)		問題 3 (もんだい)	
1	3	21	1
2	3	22	1
3	2	23	1
4	1	24	2
5	4	25	3
6	4	問題 4 (もんだい)	
7	1	26	1
8	4	27	4
9	3	28	2
10	4	29	2
11	4	問題 5 (もんだい)	
12	3	30	4
13	3	31	1
14	2	32	4
15	2	33	3
問題 2 (もんだい)		問題 6 (もんだい)	
16	3	34	1
17	3	35	4
18	2		
19	1		
20	3		

청해

問題 1 (もんだい)		問題 3 (もんだい)	
れい	2	れい	3
1	2	1	1
2	2	2	1
3	2	3	1
4	3	4	3
5	2	5	1
6	4	問題 4 (もんだい)	
7	3	れい	2
8	2	1	1
問題 2 (もんだい)		2	3
れい	3	3	3
1	2	4	1
2	3	5	2
3	1	6	3
4	2	7	2
5	3	8	3
6	3		
7	1		

※해설에서는 「주요어휘」에 N4레벨의 어휘를 싣고, 체크박스(□)를 붙였습니다. 설명을 위해 사용한 일부 어려운 어휘에는 △가 붙어 있습니다.

언어지식 (문자·어휘)

もんだい 1

1 정답 4

□ **お土産**(みやげ) : 토산물, 기념품, 선물

▶□ **土**=ト、ド／つち

예 土地(とち)、土曜日(どようび)／やわらかい土(つち)

▶□ **産**=サン／うーむ、うーまれる

예 子犬(こいぬ)が産(う)まれた。

2 정답 1

□ **洋服**(ようふく) : 옷, 양복

※기모노가 아닌 옷

▶□ **洋**=ヨウ

(바다라는 의미→외국을 나타냄. 특히 서양)

예 西洋(せいよう)、東洋(とうよう)、洋食(ようしょく)

▶□ **服**(ふく)=フク

예 服(ふく)を着(き)る

3 정답 3

□ **会議室**(かいぎしつ) : 회의실

▶□ **会**(かい)=カイ／あーう

예 音楽会(おんがくかい)、会社(かいしゃ)、会場(かいじょう)、会話(かいわ)／友(とも)だちに会(あ)う

▶□ **議**=ギ　예 議員(ぎいん)(의원)

▶□ **室**=シツ　예 教室(きょうしつ)

4 정답 4

□ **辞典**(じてん) : 사전

▶□ **辞**=ジ／やーめる(그만두다)

예 辞書(じしょ)／会社(かいしゃ)を辞(や)める

▶□ **典**=テン　예 古典(こてん)(고전)

5 정답 2

□ **音楽**(おんがく) : 음악

▶□ **音**=オン／おと、ね

예 発音(はつおん)／音(おと)がする。

▶□ **楽**=ガク、ラク／たのーしい、たのーしむ

예 楽器(がっき)、楽(らく)な仕事(しごと)／楽(たの)しいパーティー、食事(しょくじ)を楽(たの)しむ。

6 정답 3

□ **飾る**(かざ) : 장식하다

▶□ **飾**=ショク／かざーる

예 宝飾品(ほうしょくひん)／部屋(へや)を飾(かざ)る。

7 정답 1

□ **番組**(ばんぐみ) : 방송 프로그램

▶□ **番**=バン　예 番号(ばんごう)、一番(いちばん)

▶□ **組**=(ソ)／くみ、くーむ

예 二人一組(ふたりひとくみ)、チームを組(く)む。

8 정답 2

□ **財布**(さいふ) : 지갑

▶□ **財**=サイ、ザイ　예 財産(ざいさん)(재산)

▶□ **布**=フ／ぬの

예 毛布(もうふ)／布製(ぬのせい)

9 정답 1

□ **訪ねる**(たず) : 방문하다

▶□ **訪**=ホウ／たずーねる

예 訪問(ほうもん)(방문)／先生(せんせい)の家(いえ)を訪(たず)ねる。

もんだい2

10 정답4

□ 新しい：새롭다 ↔古い(낡다)

▶□ 新=シン／あたら－しい

예 新製品、新人／新しいくつ

11 정답1

□ 特別：특별

▶□ 特=トク　예 特別料金、特急(특급)

▶□ 別=ベツ／わか－れる

예 別のやり方、男女別／駅で別れる。

12 정답1

□ 捨てる：버리다

▶□ 捨=(シャ)／す－てる

예 ごみを捨てる。

13 정답4

□ 古い：낡다 ↔新しい(새롭다)

▶□ 古=コ／ふる－い

예 中古(중고)／古い映画

14 정답2

□ 貸す：빌려주다 ↔借りる(빌리다)

▶□ 貸=タイ／か－す

예 賃貸マンション／貸したお金を返してもらった。

15 정답1

□ 世話：도와줌, 보살핌, 시중듦

▶□ 世=セ／よ　예 世界／世の中

▶□ 話=ワ／はなし

예 会話、電話／おもしろい話、話を聞く

もんだい3

16 정답1

□ あげる：주다

예 学校を卒業する妹に花をあげました。

오답해설

2 借りる：빌리다

예 私は友だちに傘を借りました。

3 くれる：주다

예 友だちは私に花をくれました。

4 貸す：빌려주다

예 私は友だちに傘を貸しました。

17 정답3

□ アルバイト／バイト：아르바이트

※독일어 'arbeit'에서 유래.

예アルバイトをする、楽なバイト／アルバイトが3人必要だ。

오답해설

1 サンドイッチ：샌드위치

2 したく(する)：준비, 채비

예 これから食事の支度をします。

4 用事：일, 용무

예 急な用事／用事があって、パーティーに行けない。

18 정답2

□ あいさつ(する)：인사

예 あいさつの言葉、あいさつに行く

오답해설

1 運動(する)：운동

예 健康のため、毎日運動しています。

3 案内(する)：안내

예 町を案内する、案内所

4 遠慮(する)：사양함

예 遠慮しないで、召し上がってください。

19 정답 4

□ **払う** : 내다, 지불하다
㉠ お金を払う

오답해설

1 **下がる** : 내려가다 ㉠ 値段が下がる

2 **行う** : 행하다, 거행하다 ㉠ けっこん式を行う

3 **戻る** : 되돌아가다 ㉠ 自分の席に戻る

20 정답 1

□ **うるさい** : 시끄럽다
㉠ テレビの音がちょっとうるさい。

오답해설

2 **おかしい** : 우습다, 이상하다
㉠ 彼はいつも、おかしいことを言って、人を笑わせる。

3 **うれしい** : 기쁘다
㉠ うれしいニュース/給料が上がって、うれしい。

4 **厳しい** : 엄하다
㉠ 厳しい先生、厳しい寒さ

21 정답 3

□ **予約(する)** : 예약
㉠ ホテルを予約する、予約をキャンセルする

오답해설

1 **ツイン** : 트윈(침대가 2개인 방)

2 **シングル** : 싱글(침대가 1개인 방)

4 **予定(する)** ㉠ 今週の予定、予定を聞く

22 정답 4

□ **取りかえる** : 교체하다
㉠ 電池を取りかえる。

오답해설

1 **こわす** : 파괴하다, 부수다, 파손시키다
㉠ 落として、カメラをこわしてしまった。

2 **引っ越す** : 이사하다
㉠ 新しい部屋に引っ越した。

3 **変わる** : 변하다, 바뀌다
㉠ 信号が変わった。

23 정답 3

□ **動く** : 움직이다
㉠ 写真をとるから、動かないで。

오답해설

1 **うかがう** : 찾다, 방문하다의 겸사말
㉠ 先生の研究室にうかがいます。

2 **受ける** : (시험을) 보다
㉠ 試験を受けます。

4 **移る** : 옮기다, 이동하다
㉠ となりの部屋に移ります。

24 정답 4

□ **わかす** : 끓이다
㉠ お湯をわかす

오답해설

1 **起こす** : 깨우다
㉠ 毎朝7時に子どもを起こします。

2 **わく** : 끓다
㉠ お湯がわきました。

3 **焼く** : 굽다
㉠ パンを焼きました。

もんだい 4

25 정답 3

□ **やむ**：그치다, 멎다, 중지하다
㊀ 雨がやんでから出かけます。

26 정답 2

□ **汚れる**：더러워지다
㊀ 汚れた手でさわらないでください。

27 정답 2

□ **集まる**：모이다
㊀ 夕方になると、この木に鳥が集まります。

28 정답 2

□ **片づける**：정리하다, 치우다
㊀ 部屋を片づける。

29 정답 3

□「AのかわりにBがする」는 'A대신 B가 하다'라는 의미.
㊀ 社長の代わりに、私が大阪へ出張しました。

もんだい 5

30 정답 4

□ **すみ**：구석, 모퉁이
㊀ ノートのすみに絵をかきました。

오답해설

1 先、2 下の方、3 先 등이 적당.

31 정답 1

□ **大事(な)**：소중함, 중요함
㊀ 大事な約束、大事な用事

오답해설

2 ゆっくり、3 気をつけて、4 静かに 등이 적당.

32 정답 4

□ **まじめ(な)**：성실함
㊀ まじめに働く、まじめな生徒

오답해설

1 ちょうどいい、2 丁寧、3 いい 등이 적당.

33 정답 3

□ **比べる**：비교하다
㊀ 値段を比べる。／兄と背を比べる。

오답해설

1 変えました、2 選びました、4 選びました 등이 적당.

34 정답 3

□ **出張(する)**：출장
㊀ 大阪へ出張する。

오답해설

1 出かけて、2 来て、4 行って 등이 적당.

언어지식 (문법)·독해

문법

もんだい 1

1 정답 3

「장소＋に＋상태를 나타내는 동사」의 형태.

예 子どもが家の前に立っている。

오답해설

1 公園でサッカーをした。(~에서/동작의 장소)

2 朝ごはんを食べる。(~을/동작의 대상)

4 子どもが遊んでいる。

2 정답 3

'보통보다 많음'이나 '많음에 놀람' 등을 나타내는 「も」를 붙인다.

예 駅までタクシーで行ったら、3000円もかかった。(=생각하던 요금보다 비쌌다)

오답해설

1 図書館で勉強した。(~에서)

2 あの山は高い。(~은)

4 雨が降っている。(~가)

3 정답 2

□ **~から~まで** : ~부터 ~까지

예 昨日の夜9時から12時まで勉強した。

오답해설

1 私は明日、東京へ行きます。(~에/방향)

3 教室に入ります。(~에서/귀착점)

4 来週の金曜日までに、レポートを提出しなければなりません。(~까지/기한)

4 정답 1

「~が/は（私に）~をくれます」의 형태.

예 父は私にプレゼントをくれました。

5 정답 4

□ **どういう~** : 어떤~

예 これは日本語でどういう意味ですか。(내용)

오답해설

1 道にまよったら、どうしますか。(어떻게/방법이나 내용)

2 駅まで歩いてどのくらいかかりますか。(어느 정도/시간이나 정도)

3 どうやって国に荷物を送りますか。(어떻게/방법이나 수단)

6 정답 4

□ **だんだん** : 점점

예 3月になって、だんだん暖かくなってきました。(조금씩 변화함)

오답해설

1 会議はあと5分で始まるので、そろそろみんな来ると思います。(슬슬, 이제 곧)

2 ひらがなとかたかなはだいたい読めます。(대개, 거의)

3 彼はすぐに戻ると言ったのに、なかなか戻ってきません。(좀처럼)

7 정답 1

□ **～する前に**：～하기 전에

㉮ 国に帰る前に、家族におみやげを買っておこう。(동사 사전형+前に)

8 정답 4

□ **～ことにする**：～하기로 하다

㉮ 日本語を勉強するために、日本に留学することにしました。(자신이 정했다)

오답해설

1 日本語の新聞が読めるようになりました。(～하게 되었습니다/상황의 변화)

2 仕事でアメリカにいくことになりました。(～하게 되었습니다/주변 상황에 의해 정해졌다)

3 今後の旅行は、2日で3都市を回るのにしました。(～하기로 했습니다)

9 정답 3

「その+명사」의 형태.

㉮ A「昨日田中さんに会いましたよ。」
B「田中さん？ その人はどんな人ですか。」(A가 말한 사람을 가리킴, 그 사람)

오답해설

1, 2 「こんな、そんな、あんな」는 모양을 나타냄. 「どんな店ですか」라고 나중에 상태를 묻고 있으므로, 사용할 수 없음.

㉮ 広くて、すてきな家ですね。私もこんな家に住みたいです。

4 A「今度のパーティーは、どこでやりましょうか。」
B「去年パーティーをした、あの店はどうですか。えーと、駅前のさくらレストランです。」(A와 B둘 다 알고있을 때)

10 정답 4

□ **～てくる**：～하고 오다

㉮ 雪はやみましたか。ちょっと外を見てきます。(동사 て형+くる)

11 정답 4

□ **～のに～**：～는데～

㉮ 彼はパーティーに参加すると言っていたのに、来なかった。(=말했는데 오지 않았다)

오답해설

1 がんばって勉強すれば、きっと試験に合格できる。(공부 하면/조건)

2 昨日家で勉強していたら、父がコーヒーをいれてくれた。(공부하고 있었더니/과거의 사실)

3 昨日は一日中勉強していたので、どこへも行かなかった。(공부했기 때문에/이유)

12 정답 3

「（～は）～に～てもらう」의 형태.

㉮ 私は姉に英語を教えてもらいました。
(=「姉が」「私を」가르쳤다)

오답해설

1 私は妹の宿題を手伝ってあげました。(=「私」가 도왔다)

2 姉が宿題を手伝ってくれました。(=「姉」가 도왔다)

4 私は姉に引っ越しを手伝わされました。(=「私」가 도움받았다／사역수동)

13 정답 3

□ **貸す**：빌려 주다
↔□ **借りる**：빌리다

㉮ 私は彼女に消しゴムを貸しました。
彼女は私に消しゴムを借りました。

오답해설

1, 2 「先週」이므로 과거형으로 해야한다.

4 「かえしてくれない?」라고 말하고 있다. '빌린'것은 다나카 씨이다.

14 정답 2

1그룹 동사(行く・買う・書く・立つ・読む 등)에 「される」가 붙은 형태.

예 子供のころ、母に毎日ピアノの練習をやらされた。 (사역수동)

오답해설

1 田中さんは木村さんを2時間も待たせた。(기다리게 했다/사역)

3 約束の時間に間に合わなかったが、田中さんは私を1時間も待ってくれた。(기다려 주었다/감사의 마음)

4 弟にケーキを食べられた。(동생이 먹었다/수동)

15 정답 2

「~ている」의 형태.

〈자동사+ている(결과의 상태)〉

예 教室の窓が開いている。

오답해설

1 田中さんは今教室の窓を開けています。
〈타동사+ている(동작의 진행)〉

3 教室の窓が開けてある。
〈타동사+てある(누군가의 의도적 동작+결과의 상태)〉

4 「教室のかぎを閉めましょうか」
「いえ、次の授業もありますから、開けておいてください。」(열어 놔 주세요/방치)

もんだい2

16 정답 3

A「気分が　悪そうですね。早く　2家に　4帰って　3休んだ　1ほうが　いいですよ。」
B「はい。そうします。」

17 정답 3

A「すみません。この　近くに　郵便局は　ありますか。」
B「そこの　4かどを　2まがって　35分くらい　1歩くと　右に　ありますよ。」

18 정답 2

今日は　1雨も　3ふりそうだし　2家で　4ゆっくり　すごす　つもりだ。

19 정답 1

A「今のは　ねこの　声　ですか。」
B「ええ。近所の　2ねこが　3けんかを　1している　4ようです。」

20 정답 3

A「すみません。次の　会議は　4どこ　1で　3ある　2か　わかりますか。」
B「ええ、A会議室ですよ。」

もんだい３

21 **정답 1**

「～とほめられた」는 수동문 :
「～は～に～(ら)れる」의 형태→私は先生にほめられた。

오답해설

2 선생님은 「ほめられた」가 아니라, 「ほめた」.

22 **정답 1**

'연습이 좋은 결과로 이어진다'는 내용. 「～ば～ほど…」의 형태가 들어가야 한다.
練習すればするほど、おもしろくなる。(연습하면 할수록 재미있어진다)
　예 安ければ安いほど、うれしい。

오답해설

2 まじめに練習しないと、試合で負けてしまいますよ。

3 テニスを練習するなら、A町のテニスクラブがいいですよ。

23 **정답 1**

「～するのは…だ」(…를 강조)의 형태.
田中さんも試合に出るのははじめてだ。

오답해설

2 시합은 「今度」이므로 과거형은 쓸 수 없음.

3, 4 앞 문장 「試合に出る約束」→시합에는 나감.

24 **정답 2**

앞의 문장이 이유. 다음 문장은 그에 따른 행동을 나타낸다.
「もっと練習が必要だ。それで、練習に行くことにした。」

오답해설

1 私はあまい食べ物が好きだ。例えばケーキやチョコだ。

3 A「ダンスを習いたいんですが、いい教室を知っていますか。」
　B「それなら、駅前の教室がいいですよ。」

4 授業が終わった。すると、子供たちは急いで教室から出て行った。

25 **정답 3**

여기에는 목적을 나타내는 표현이 들어가야 한다.
⇒「동사의 가능형＋ように」의 형태
　예 試合に勝てるように、がんばって練習しようと思う。

오답해설

1 勝つように→勝てるように

2 勝つために : 이기기 위해서
「동사의 의지형＋ために」의 형태

4 勝ったために : 이겼기 때문에
「이유를 나타내는 동사＋ために」의 형태

독해

もんだい 4 (단문)

(1)「미술관 소개」

26 정답 1

「この美術館でお金が必要なのは、有名な絵のある部屋に入るときだけ」. 즉, 다른 것에는 돈이 필요 없다.

오답해설

2→ 「S市に住んでいる人」가 그린 그림으로 「S市の景色」 그림이 아님.

3→ 의자가 있는 것은 「いろいろな人のかいた絵をかざった部屋」뿐.

4→ 콘서트에는 돈이 필요 없음.

주요어휘

- □ 美術館 : 미술관
- □ 紹介(する) : 소개
- □ かざる : 장식하다
- □ 選ぶ : 선택하다
- □ (いい絵)ばかり : ~만, ~뿐
- □ ところ : 곳(위치)
- □ コンサート : 콘서트
- □ 行う : 하다, 행하다, 시행하다
- □ 必要(な) : 필요

(2)「바나나」

27 정답 4

「店から買ってきて…小さい黒い点がたくさんできます。そのときには、もっと甘く、おいしくなっています」라고 쓰여있다.

주요어휘

- □ だいたい : 대개
- □ 緑色 : 녹색
- □ 運ぶ : 옮기다
- □ そのまま : 그대로
- □ (置い)ておく : ~해 두다
- □ 点 : 점
- □ 甘さ : 달콤함
- □ 増える : 증가하다, 늘다 ↔減る

(3)「이 마을에 살고 싶다」

28 정답 2

「私は、むかしからの友だちがたくさんいる」이기 때문에. 또한, 「駅や病院までは…車があれば問題ない」「車で行けるスーパーもある」, 전철로 「デパートや映画館コンサートホールなどに行ける」이기 때문에 생활에 불편한 것이 없음.

오답해설

1→ 「空気」에 대해서는 말하고 있지 않음.

3→ 걸어가는 것이 아니라 자동차나 전철로 감.

4→ 「駅や病院までは…遠い」하고, 「電車に2時間」타기 때문에 교통은 편리하지 않음.

주요어휘

- □ 田舎 : 시골
- □ むかし : 옛날
- □ ずっと : 쭉, 훨씬
- □ (住み)つづける : 계속해서 ~하다
  예 飲みつづける、読みつづける
- □ 気持ちがよい : 기분이 좋다
- □ スーパー : 슈퍼마켓
- □ コンサートホール : 콘서트홀
- □ 空気 : 공기
- □ 生活(する) : 생활
- □ 交通 : 교통

(4)「전화메모」

29 정답 2

우에다 씨는「また電話する」라고 말했기 때문에, 폰 씨는 전화를 기다리면 된다.

오답해설

1, 4→ 야마카와 씨는 우에다 씨의 전화를 듣고 메모를 한 사람.

주요어휘

☐ メモ：메모
☐ A社：A 사
☐ うかがう：'묻다', '듣다' 의 겸사말
☐ 間に合う：시간에 맞추다
☐ ～そうにない：~것 같지 않다
＝～そうもない
☐ ～とのことです：~라고 합니다
☐ 返事(する)：답변
☐ 調べる：조사하다

もんだい５(중문)

「어른이 되었다고 생각할 때」

30 정답 4

언니에 대해서는 두 번째 단락을 보자.「一人で生活するようになって(네 번째 행)」라고 쓰여있기 때문에 언니는 지금 부모님과 함께 살고 있지 않다.

오답해설

1→ 옛날에 부모님에게「あれをしてはいけない(두 번째 행)」등의 주의를 받았음.

2, 3→ 지금은「両親との関係がよくなったと言っている(다섯 번째 행)」.

31 정답 1

두 번째 단락은 첫 문장도 두 번째 문장도「姉は」로 시작한다. 이 단락의 문장은 전부 언니에 대해서이다. 〈부모의 마음을 안 사람〉도 〈부모와의 관계가 좋아졌다고 하는 사람〉도 언니이다.

32 정답 4

세 번째 단락을 보자.「私も大人になったなあと思った(일곱 번째 행)」는「(タクシーに) 乗っていいかどうか」를 '스스로 결정'했기 때문(8~9 번째 행).

오답해설

1→ 택시를「一人で」 탄 것이 처음.

2→ 비싼 요금을 '지불한'것이 아니라, 비싸도 타겠다고 '스스로 결정한'것이 중요.

3→ 택시를 '탈'것을 결정했음.

33 정답 3

의견을 말하는 형태「…のではないか。」에 주의. 마지막 문장「家族や友だちと別れて…いろいろな経験をしながら大人になっていくのではないか」가 이 사람의 의견. 이것은 선택지 3번과 같은 의미.

오답해설

1→ 부모님과의 관계에 대해서는 언니의 의견이 쓰여있을 뿐. 이 사람의 의견은 아님.

2→「大人になったと思うときはいろいろある」라고는 기술하고 있지 않음.

4→ 경험해야한다고 말하고 있지 않음.

주요어휘

☐ 大人：성인
☐ 関係(する)：관계
☐ 変わる：바뀌다
☐ 昔：옛날
☐ 注意(する)：주의
☐ わかってる：알고 있다
☐ 怒る：화내다
☐ けれども：그렇지만
☐ 生活(する)：생활

- □ しかる：꾸짖다
- □ 気持(きも)ち：기분
- □ 約束(やくそく)(する)：약속
- □ 遅(おく)れる：늦다
- □ 決(き)める：결정하다
- □ 卒業(そつぎょう)(する)：졸업
- □ 別(わか)れる：헤어지다, 작별하다
- □ 世界(せかい)：세계
- □ 経験(けいけん)(する)：경험
- □ 意見(いけん)：의견

もんだい 6 (정보검색)

「자전거 주차장」

34 정답 1

〈ご注意(ちゅうい)〉를 보자. 자전거는 S역 남쪽 자전거 주차장에 「2週間(しゅうかん)」까지 세워둘 수 있다.

오답해설

2, 3→ 오토바이는 「S駅北(えききた)バイク駐車場(ちゅうしゃじょう)」에 세운다.

4→ 「2週間以上(しゅうかんいじょう)とめることはできません」⇒「15日間(にちかん)」은 안 됨.

35 정답 4

「自転車(じてんしゃ)を入(い)れるとき」「自転車(じてんしゃ)を出(だ)すとき」를 보자. 돈을 넣는 것은 「自転車(じてんしゃ)を出(だ)すとき」이다.

오답해설

1→ 「自転車(じてんしゃ)を入(い)れるとき」에는 돈이 필요 없음.

2→ 선반을 사용하지 않고 세워둔 자전거는 별도의 장소로 가져간다.

3→ 「S駅北駐車場(えききたちゅうしゃじょう)はお金(かね)がいらない」라고는 쓰여 있지 않음.

주요어휘

- □ 駐車場(ちゅうしゃじょう)：주차장
- □ とめる：세우다
- □ バイク：오토바이
- □ 機械(きかい)： 기계
- □ もどる：돌아가다
- □ ラック：선반
- □ 利用(りよう)(する)：이용
- □ 料金(りょうきん)：요금
- □ ロック：로크, 잠금
- □ 注意(ちゅうい)(する)：주의
- □ 必(かなら)ず：반드시
- □ いっぱい(な)：가득
- □ ~以上(いじょう)：~이상
- □ 別(べつ)な：다른
- □ 場所(ばしょ)：곳
- □ 連絡(れんらく)(する)：연락
- □ 故障(こしょう)(する)：고장

청해

問題 1

例　정답 2

男の人と女の人が話しています。男の人は、このあとまずどこに行きますか。

M：ちょっと本屋に行ってくるね。
F：あっ、じゃあ、朝食用のパンを買ってきてくれない？
M：よく行く駅前のパン屋？
F：あそこまで行かなくていいよ、遠いから。ABC スーパーでいいよ。普通のトースト用のパンでいいから。
M：わかった。
F：ああ、だから、コンビニでもいいよ。
M：うん。じゃあ、帰りに寄るよ。

男の人は、このあとまずどこに行きますか。

오답해설

빵은「帰りに寄るよ」→ 돌아오는 길에 삼.

주요어휘

☐ **～用**：～용
☐ **駅前**：역 앞
☐ **トースト**：토스트

1番　정답 2

男の学生と女の学生が話しています。女の学生は明日、どんな服を着ますか。

M：急に頼んでごめんね、明日の司会。
F：ううん。それはいいんだけど、どんな服着て行ったらいいかなあ。
M：服ねえ…。きちんとした感じの服がいいと思うけど。
F：じゃあ、やっぱりスーツか…。上はシャツだけでもいいかなあ。明日もすごく暑くなりそうだから。
M：それはいいんじゃないかなあ。男性もノーネクタイがふつうになったし。

女の学生は明日、どんな服を着ますか。

오답해설

「やっぱりスーツか」「上はシャツだけでもいいかなあ」가 포인트.

주요어휘

☐ **きちんとした**：단정한
☐ **ノーネクタイ**：노타이, 넥타이를 매지 않은 차림

2番　정답 2

大学で、男の留学生と女の学生が話しています。男の留学生は、このあとまず何をしますか。

M：あきこさん、ちょっといいですか。
F：ああ、リーさん、どうしたの？
M：アルバイトを探したいんですが、何からしたらいいでしょうか。
F：そうねえ…アルバイトの雑誌とか、学校に張ってある紙とかを見て、まずやりたいアルバイトを探すことからね。日本語がわからなかったら、私に見せて。そのあと店に電話しましょう。
M：はい。

男の留学生は、このあとまず何をしますか。

오답해설

「まずやりたいアルバイトを探すことから」라고 말하고 있다.

주요어휘

☐ **張る**(또는「**貼る**」)：붙이다
　㉠ 壁にポスターを張る、封筒に切手を貼る

3番　정답 2

06
2회

大学で、男の学生と女の学生が話しています。男の学生は、レポートのためにまず何をしますか。

M：今度のレポートにデータがほしいんだけど、やっぱりネットで探すのが早いかなあ。
F：そうねえ…。でもあの先生、嫌いだよ、ネットから資料を使うの。
M：そうか…。じゃ、自分でアンケートをとろうかなあ。
F：いいけど、100は集めないとだめだよ。
M：え？　それは無理。
F：大学の図書館は行った？
M：いや、まだ。
F：じゃあ、行かないと。ていねいに探せば、何か見つかるよ。古い新聞なんかもたくさんあるし。
M：わかった。

男の学生は、レポートのためにまず何をしますか。

오답해설

「大学の図書館は行った？」「じゃあ、行かないと」가 힌트.

주요어휘

- □ **データ**：데이터
- □ **ネット**：인터넷
- □ **無理(な)**：무리

4番　정답 3

バスの中で、旅行会社の人が話しています。バスの中のお客さんは、このあとまず何をしますか。

F：今日は午後に、さくらやま神社を見学して、りんご園に行きます。もちろん、りんごはその場で食べることができ、また、お持ち帰りもできます。どうぞお楽しみに。ではその前に、昼食のお時間です。あちらに見えるレストランの2階に、席をご用意しています。お食事が終わりましたら、1階にお土産物のコーナーがありますので、お買い物をお楽しみください。1時半にはバスにお戻りください。

バスの中のお客さんは、このあとまず何をしますか。

오답해설

「ではその前に、昼食のお時間です」라고 되어있다.

주요어휘

- □ **りんご園**：사과 농장
- □ **その場**：그 장소
- □ **(お)持ち帰り**：가지고 돌아감
- □ **お楽しみに**：기대해 주세요
- □ **コーナー**：코너 ⓔ corner

5番　정답 2

女の人と男の人が話しています。二人は結婚祝いに何を買いますか。

F：あきこちゃんへの結婚祝い、何にしましょう。
M：うーん…。二人の写真を飾れるように、写真立てとか？
F：いいけど、写真立ては誰かほかの人も選びそう。
M：じゃあ、ワインは？　あきこちゃん、ワイン、好きだから。
F：それだったら、ワイングラスのほうがいいんじゃない？　長く使えるから。
M：でも、だめだ。彼がお酒飲めなかったんだ。うーん、じゃあ、カタログから好きなものを選んでもらおうか。
F：それはいやよ。やっぱり何か自分たちで選んであげましょうよ。…あ、おなべのセットは？あきこちゃんは料理好きだから、喜ぶと思う。
M：ああ、いいね。それにしよう。

二人は結婚祝いに何をあげますか。

주요어휘

- □ **祝い**：축하 선물
- □ **写真立て**：액자
- □ **カタログ**：카탈로그

6番 정답 4

女の人と男の人が話しています。今年の夏、どんなところに行きますか。

F：今年の夏は、どこに行く？
M：久しぶりに京都に行きたいな。お寺を見に行きたい。
F：でも、京都って、夏暑いじゃない。昔８月に行った時、すごく暑かった。
M：そう…。じゃあ、どこか海に行く？
F：うーん…あまり日焼けしたくないのよね。
M：文句ばかりだなあ。じゃあ、プールのあるホテルにでも泊まる？
F：それより山のほうがいいな。となりの原さん、最近、よく山に登るらしいんだけど、話を聞いてたら行きたくなっちゃって。
M：じゃあ、そうしてみるか。

今年の夏、どんなところに行きますか。

주요어휘

☐ **日焼け**：햇볕에 탐
☐ **文句**：불평

7番 정답 3

写真屋で、女の人と店の人が話しています。女の人は、いつ写真を取りに来ますか。

F：今日撮ってもらった写真は、いつできますか。
M：来週の火曜日にはできます。
F：えっ、そんなにかかるんですか。できれば、明日、母に送りたいんですが…。
M：申し訳ありません。明日は日曜で、休みでして。
F：じゃあ、今日か、あさっての月曜はどうですか。
M：ちょっとお待ちください。……お待たせしました。あさってでしたら、なんとかご用意できそうです。
F：ああ、よかったです。じゃ、それでお願いします。

女の人は、いつ写真を取りに来ますか。

오답해설

「あさっての月曜」「あさってでしたら、なんとかご用意できそうです」에서 답은 3번.

주요어휘

☐ **なんとか(～する)**：어떻게든

8番 정답 2

会社で女の人とアルバイトの男の学生が話しています。男の学生は、このあと最初に何をしますか。

F：これは商品の注文リストで、店ごとになっています。それぞれ箱に分けて、今日の４時までに出します。
M：はい。
F：じゃあ、まず、棚から商品を集めてくれますか。で、ここで箱に入れてください。箱のサイズは４種類あるので、合うものを選んでください。
M：わかりました。
F：全部箱に入れたら、１階の倉庫に運んでください。
M：わかりました。

男の学生は、このあと最初に何をしますか。

오답해설

「まず、棚から商品を集めてくれますか」라고 말하고 있다.

주요어휘

☐ **商品**：상품
☐ **注文(する)**：주문
☐ **リスト**：리스트
☐ **～ごと**：~마다
☐ **倉庫**：창고

問題2

例　정답 3

13 2회

男の学生と女の学生が話しています。女の学生は、どうしてアルバイトをやめましたか。

M：アルバイトやめたんだって？
F：うん。
M：お金は結構良かったんでしょ？
F：うん、良かったよ。おかげで留学するためのお金もできたし。
M：じゃあ、なんで？
F：最近、勉強のほうが大変になってきちゃって。
M：そうなんだ。

女の学生は、どうしてアルバイトをやめましたか。

주요어휘

□ **〜(んだ)って？**：「〜って」는 전해 들은 것을 나타냄. 「〜って？」는 '~라고 들었는데, 정말?'이라는 의미. 「〜んだ」는 놀라거나 감동한 마음을 나타냄.

□ **なんで？**：어째서?

1番　정답 2

14 2회

女の人と男の人が話しています。男の人は、どうして残念だと言っていますか。

F：お疲れさま。田中さん、スピーチ上手ね。
M：そんなことないよ。失敗ばっかり。
F：そう？　全然わからなかった。数字とか間違えた？
M：いや、そういうのはない。でも、大事なことを言うのを忘れちゃって。それが残念。
F：そっか…。
M：昨日も仕事でミスしちゃったし、最近うまくいかないなあ。
F：でも、ほんとによかったよ。わかりやすかったし。
M：そうかなあ。でも、ありがとう。

男の人は、どうして残念だと言っていますか。

주요어휘

□ **スピーチ**：스피치, 발표

□ **〜とか**：~라든가, ~든지, ~거니

㉮ 最近は、引っ越しの準備とかで忙しい。

2番　정답 3

女の人と男の人が話しています。男の人は最近、どれくらい走っていますか。

F：久しぶり。あれ、だいぶやせたね。
M：うん。去年からジョギングをするようになって。
F：そうなんだ。毎日？
M：いや、毎日じゃないんだけどね。でも、だいたい週に4日は走ってる。
F：4日も!?　私も前は土日にスポーツクラブに行ってたんだけど、今は何も運動してない。
M：そうなんだ。ああ、あと、山にも毎月1回は行ってるよ。
F：へー。私も何かやろうかなあ。

男の人は最近、どれくらい走っていますか。

주요어휘

□ **どれくらい**：얼마나

□ **土日**：토요일과 일요일, 주말

3番　정답 1

女の学生と男の学生が話しています。男の学生は、どうして友達が来ないと言っていますか。

F：石川くん、来ないね。迷子になってんじゃない？
M：大丈夫だと思うよ。地図、渡してあるし。
F：日にち間違えたりしてないよね？
M：それはないよ。昨日会った時に、明日はバイト終わってから行くって言ってたから。
F：そうなんだ。ねえ、メールとか来てない？
M：ちょっと待って。…あ、来てた。熱があるから今日はごめんなさいって。
F：なーんだ。

男の学生は、どうして友達が来ないと言っていますか。

오답해설

「熱があるから」가 포인트. 「具合が悪い」는 '몸 상태가 좋지 않다'.

주요어휘

□ **迷子になる**：미아가 되다, 길을 헤메다

4番 정답2

センターで、案内を聞いています。何をしてはいけませんか。

F：本日お使いになるのは、会議室Aですね。すみませんが、今日はとなりの部屋で試験を行っていますので、なるべく静かにしていただくよう、ご協力ください。普通に話すのは大丈夫です。それから、お弁当を食べたり、飲み物を飲んだりするのもかまいません。ただし、ゴミ箱は置いていませんので、ゴミは持ち帰ってください。あと、パソコンが必要な場合は、こちらでお貸しすることもできます。

何をしてはいけませんか。

오답해설

「ゴミは持ち帰ってください」에서 답은 2번.

5番 정답3

男の学生と女の学生が話しています。二人は、どうやって美術館に行きますか。

M：ここから美術館までどうやって行く？
　地下鉄だと1駅。バスだと10分かかるかな。
F：歩いて行こうよ。町を見ながら歩くほうが楽しいじゃない。
M：でも、受付が5時までだよ。
F：え、全然時間がないじゃない。それだったら、タクシーにしようよ。遅れたらいやだもん。
M：そうだね。地下鉄の駅もバス乗り場もよくわからないからね。

二人は、どうやって美術館に行きますか。

6番 정답3

女の人と男の人が話しています。男の人は、サッカーを何年しましたか。

F：田中さん、学生の時、サッカーをやってたんですね。部長から聞きました。
M：はい。中学の時に3年、それから高校の時も3年、クラブ活動でやってました。
F：今はやってないんですか。
M：働き出して、はじめの1年は町のサッカークラブに入っていたんです。でも、ここに移ってからの2年は、全くやってませんね。
F：そうですか。また、できればいいですね。
M：ええ、最近、また探しているところです。

男の人は、サッカーを何年しましたか。

오답해설

중학교에서 3년, 고등학교에서 3년, 일을 시작하고 1년. 합계 7년.

주요어휘

□ **働き出す**：일하기 시작하다

7番 정답1

男の学生と女の学生が話しています。二人は、どこで会いますか。

M：日曜のセミナー、一緒に行こうよ。
F：うん。あさひ町の国際センターだよね。どこで会おうか。
M：センターの入口でいいんじゃない。
F：うーん。初めてだからちょっと不安だなあ。駅のほうじゃ、だめ？
M：いいよ。じゃ、港町駅の改札にしようか。
F：…ああ、でも、もしかしたら遅れるかもしれないから、どこかお店のほうがいいなあ。それか、本屋さんとか。
M：駅の中にABCブックっていう本屋があるよ。
F：じゃあ、そこにしよう。

二人は、どこで会いますか。

오답해설

「駅の中に本屋が」「そこにしよう」에서 답은 1번.

問題 3

例 정답 3

久しぶりに先生に会いました。何と言いますか。

F：1 ようこそ。
2 失礼いたしました。
3 お久しぶりです。

주요어휘

☐ **ようこそ**：환영합니다
☐ **失礼いたしました**：실례했습니다

1番 정답 1

コピーをしたいのですが、やり方がわかりません。聞きたいです。何と言いますか。

F：1 ちょっと教えてほしいんですが。
2 ちょっと教えてもいいですか。
3 ちょっと教えてあげましょうか。

오답해설

2, 3→ '자신이 상대방을 가르치는'경우의 표현.

2番 정답 1

先生の研究室に入ります。何と言いますか。

M：1 失礼します。
2 ごめんください。
3 よろしくお願いします。

주요어휘

☐ **ごめんください**：계십니까? (저, 실례합니다)

3番 정답 1

先輩が荷物を持っています。重そうです。何と言いますか。

F：1 荷物、持ちましょうか。
2 荷物、取ってくれますか。
3 荷物、貸してもらいます。

오답해설

2, 3→ '상대방이 나에게 무언가를 해 주는'경우의 표현.

4番 정답 3

国に帰ります。先生や友達に何と言いますか。

M：1 お先に。
2 おだいじに。
3 どうぞお元気で。

주요어휘

☐ **お先に**：먼저 (가 보겠습니다)
☐ **お大事に**：몸조리 잘 하세요

5番 정답 1

友達が電話しています。でも、ここで携帯電話を使ってはいけません。何と言いますか。

F：1 ここで携帯を使ったらだめだよ。
2 ここでは携帯は使わなくていいよ。
3 ここは携帯が使いにくいね。

주요어휘

☐ **～てはいけない**：～해서는 안 된다

問題(もんだい) 4

例(れい) 정답 2

30 2회

F：Mサイズしかありませんが、よろしいですか。

M：1 どうぞ。
　　2 結構(けっこう)です。
　　3 かしこまりました。

주요어휘

□ **結構(けっこう)です**：여기서는 '좋습니다, 괜찮습니다'.

1番(ばん) 정답 1

F：いろいろお世話(せわ)になりました。

M：1 こちらこそ、ありがとうございました。
　　2 ええ、お世話(せわ)いただきました。
　　3 みなさんのおかげです。

오답해설

2, 3→ '상대방이 나를 돌본'것이 된다.

주요어휘

□ **～のおかげです**：～덕분입니다

2番(ばん) 정답 3

M：課長(かちょう)に相談(そうだん)したらどう？

F：1 うん、そうしたほうがいいよ。
　　2 うん、聞(き)くといいよ。
　　3 うん、そうしようと思(おも)う。

오답해설

1, 2→ 상대방의 행동에 대한 의견 등을 말할 때의 표현.

3番(ばん) 정답 3

F：あのう、これ、頼(たの)んだものと違(ちが)うんですが。

M：1 おかまいなく。
　　2 ごめんください。
　　3 失礼(しつれい)いたしました。

오답해설

1→ '저는 신경쓰지 않으셔도 돼요'라는 의미.

2→ 타인의 집에 갔을 때, 현관에서 그 집의 사람을 부르는 말. (저, 계십니까?)

4番(ばん) 정답 1

F：どんなスポーツが好(す)きですか。

M：1 水泳以外(すいえいいがい)は何(なん)でも。
　　2 昨日(きのう)も運動(うんどう)しましたよ。
　　3 ええ、少(すこ)しなら。

5番(ばん) 정답 2

F：ちょっとよろしいでしょうか。

M：1 それはよくないですね。
　　2 はい、何(なん)でしょうか。
　　3 ええ、よかったですね。

주요어휘

□ **ちょっとよろしいでしょうか/いいですか**：
잠깐 괜찮으십니까?

6番(ばん) 정답 3

M：これ、田中(たなか)さんに渡(わた)しておいてくれる？

F：1 じゃあ、そうしてもらいましょう。
　　2 ええ、あそこに置(お)いてありますよ。
　　3 はい、田中(たなか)さんですね。

오답해설

2→ 앞으로 전달할 것이므로 「置(お)いてある」는 ×.
「これ」와 「あそこ」도 맞지 않음.

7番 정답 2

37 2회

M：風邪がひどくて、昨日は休みました。

F：1 お疲れさま。
2 もう大丈夫？
3 どうしたの？

주요어휘

☐ **お疲れさま**：고생하셨습니다

8番 정답 3

38 2회

M：試験に合格したそうですね。

F：1 はい、大丈夫です。
2 どういたしまして。
3 ええ、おかげさまで。

주요어휘

☐ **おかげさまで**：덕분에요

모의고사 제3회 정답 · 해설

정답

언어지식 (문자 · 어휘)

問題1	
1	3
2	2
3	4
4	1
5	2
6	3
7	1
8	3
9	2

問題2	
10	1
11	4
12	2
13	3
14	3
15	1

問題3	
16	2
17	1
18	4
19	3
20	1
21	2
22	2
23	3
24	3

問題4	
25	4
26	4
27	4
28	2
29	1

問題5	
30	1
31	4
32	4
33	3
34	1

언어지식 (문법) · 독해

問題1	
1	4
2	1
3	1
4	2
5	2
6	4
7	1
8	4
9	2
10	2
11	4
12	2
13	4
14	2
15	1

問題2	
16	3
17	3
18	2
19	4
20	1

問題3	
21	1
22	2
23	2
24	3
25	2

問題4	
26	3
27	3
28	4
29	3

問題5	
30	2
31	4
32	4
33	2

問題6	
34	3
35	1

청해

問題1	
れい	2
1	3
2	2
3	3
4	3
5	2
6	2
7	4
8	4

問題2	
れい	3
1	2
2	3
3	3
4	4
5	1
6	1
7	2

問題3	
れい	3
1	3
2	1
3	2
4	3
5	1

問題4	
れい	2
1	2
2	1
3	3
4	3
5	1
6	1
7	1
8	2

※해설에서는 「주요어휘」에 N4레벨의 어휘를 싣고, 체크박스(□)를 붙였습니다. 설명을 위해 사용한 일부 어려운 어휘에는 △가 붙어 있습니다.

언어지식 (문자・어휘)

もんだい 1

1 정답 3

□ **旅行(りょこう)(する)**：여행

▶□ **旅**=リョ／たび

예 旅館(りょかん)、旅客機(りょかくき)(=飛行機(ひこうき))／船旅(ふなたび)、一人旅(ひとりたび)

▶□ **行**=コウ、ギョウ／い-く、おこな-う

예 銀行(ぎんこう)、行動(こうどう)、一行(いちぎょう)で書(か)く／試験(しけん)を行(おこな)う

2 정답 2

□ **計画(けいかく)(する)**：계획

▶□ **計**=ケイ／はか-る

예 計算(けいさん)(계산)、合計(ごうけい)(합계)、会計(かいけい)(회계)

▶□ **画**=ガ、カク 예 映画(えいが)

3 정답 4

□ **事故(じこ)**：사고

▶□ **事**=ジ／こと

예 用事(ようじ)、事務所(じむしょ)、返事(へんじ)、大事(だいじ)な品物(しなもの)／仕事(しごと)

▶□ **故**=コ 예 故障(こしょう)(고장)

4 정답 1

□ **漫画(まんが)**：만화

▶□ **漫**=マン

▶□ **画**=ガ、カク 예 画家(がか)、計画(けいかく)

5 정답 2

□ **映画(えいが)**：영화

▶□ **映**=エイ／うつ-る、うつ-す 예 映画館(えいがかん)

▶□ **画**=ガ、カク 예 漫画(まんが)、(漢字(かんじ)の)画数(かくすう)

6 정답 3

□ **試験(しけん)**：시험

▶□ **試**=シ／こころ-みる、ため-す

예 試合(しあい)／新(あたら)しい方法(ほうほう)を試(こころ)みる、新人(しんじん)を試(ため)す

▶□ **験**=ケン

7 정답 1

□ **動物園(どうぶつえん)**：동물원

▶□ **動**=ドウ／うご-く 예 自動車(じてんしゃ)、運動(うんどう)

▶□ **物**=ブツ／もの

예 品物(しなもの)、買(か)い物(もの)、食(た)べ物(もの)、飲(の)み物(もの)、乗(の)り物(もの)、贈(おく)り物(もの)、着物(きもの)、果物(くだもの)

▶□ **園**=エン／その 예 公園(こうえん)

8 정답 3

□ **残念(ざんねん)(な)**：유감스러움, 아쉬움

▶□ **残**=ザン／のこ-る、のこ-す

예 残(のこ)った料理(りょうり)、残(のこ)りの時間(じかん)

▶□ **念**=ネン

9 정답 2

□ **空港(くうこう)**：공항

▶□ **空**=クウ／そら 예 空気(くうき)／青空(あおぞら)

▶□ **港**=コウ／みなと 예 港町(みなとまち)

もんだい２

10 정답 1

□ 楽(たの)しい : 즐겁다 예 楽(たの)しい映画(えいが)

▶□ 楽=ガク、ラク／たのーしい、たのーしむ

예 音楽(おんがく)、楽器(がっき)、楽(らく)な仕事(しごと)／スポーツを楽(たの)しむ

11 정답 4

□ 病院(びょういん) : 병원

▶□ 病=ビョウ／やまい 예 病気(びょうき)

▶□ 院=イン 예 大学院(だいがくいん)

12 정답 2

□ 運(はこ)ぶ : 옮기다, 운반하다

▶□ 運=ウン／はこーぶ

예 運転(うんてん)、運動(うんどう)／いすを運(はこ)ぶ

13 정답 3

□ 料理(りょうり) : 요리

▶□ 料=リョウ 예 資料(しりょう)、料金(りょうきん)

▶□ 理=リ 예 地理(ちり)、理由(りゆう)、無理(むり)、修理(しゅうり)

14 정답 3

□ 魚(さかな) : 생선

▶□ 魚=ギョ／さかな、うお

예 魚(さかな)を釣(つ)る

15 정답 1

□ 姉(あね) : 언니, 누나

▶□ 姉=シ／あね 예 姉妹(しまい)

もんだい３

16 정답 2

□ 下宿(げしゅく)(する) : 하숙

예 大学(だいがく)に入学(にゅうがく)したら、下宿(げしゅく)します。

오답해설

1 結婚(けっこん)(する) : 결혼

예 来月(らいげつ)、結婚(けっこん)します。

3 計画(けいかく)(する) : 계획

예 旅行(りょこう)を計画(けいかく)しています。

4 経験(けいけん)(する) : 경험

예 海外(かいがい)での生活(せいかつ)を経験(けいけん)しました。

17 정답 1

□ 柔(やわ)らかい : 부드럽다

예 柔(やわ)らかいベッド、柔(やわ)らかい肉(にく)

오답해설

2 低(ひく)い : 낮다 예 低(ひく)いテーブル、低(ひく)い温度(おんど)

3 深(ふか)い : 깊다 예 深(ふか)い皿(さら)、深(ふか)い考(かんが)え

4 正(ただ)しい : 옳다, 바르다 예 正(ただ)しい答(こた)え

18 정답 4

□ 出発(しゅっぱつ)(する) : 출발

예 飛行機(ひこうき)は1時(じ)に出発(しゅっぱつ)します。

오답해설

1 出席(しゅっせき)(する) : 출석 예 会議(かいぎ)に出席(しゅっせき)する

2 紹介(しょうかい)(する) : 소개 예 友達(ともだち)を紹介(しょうかい)する

3 準備(じゅんび)(する) : 준비

예 パーティーの準備(じゅんび)をする

19 정답 3

□ 悪(わる)い : 나쁘다

예 悪(わる)い知(し)らせ、悪(わる)い結果(けっか)

오답해설

1 **少ない**：적다　예 給料が少ないです。

2 **悲しい**：슬프다
예 犬が死んで悲しいです。

4 **眠い**：졸리다
예 朝５時に起きたので、眠いです。

20 정답 1

□ **冷える**：차가워지다
예 冷えたビールをください。

오답해설

2 **変える**：바꾸다　예 予定を変える

3 **運ぶ**：운반하다, 나르다　예 荷物を運ぶ

4 **なくす**：없애다, 잃다　예 メモをなくす

21 정답 2

□ **いじめる**：괴롭히다
예 私が誰かにいじめられると、兄が必ず助けてくれた。

오답해설

1 **片づける**：정리하다
예 部屋を片付ける

3 **亡くなる**：죽다, 돌아가시다
예 おじいさんは、去年、亡くなりました。

4 **死ぬ**：죽다
예 水がないと死にます。／魚が死んでいました。

22 정답 2

□ **承知(する)**：(사정 등을) 알고 있음
예「じゃ、15日までにこれを500個お願いします」「承知しました」

오답해설

1 **招待(する)**：초대
예 結婚式に先生を招待しました。

3 **卒業(する)**：졸업
예 M大学を卒業しました。

4 **返事(する)**：답장
예 呼ばれたら、返事してください。

23 정답 3

□ **背中**：등(신체 부위)

오답해설

1 **水泳**：수영　예 水泳大会

2 **線**：선　예 線を引く

4 **試合**：시합
예 試合に出る、試合に勝つ・負ける

24 정답 3

□ **無理(な)**：무리
예 これを１日でやるなんて、無理です。

오답해설

1 **わけ**：이유, 까닭
예 遅れたわけを聞きたい。

2 **理由**：이유
예 やめた理由は何ですか。

4 **はず**：~할 것, ~할 예정
예 荷物は今日届くはずです。

もんだい 4

25 정답 4

□ **こしをかける**：(걸터) 앉다
예 机にこしをかけないでください。

26 정답 4

□ **たしか(な)**：확실함, 틀림없음
예 明日雨が降るというのは確かですか。

27 정답 4

□ **気をつける**：주의하다, 조심하다
㉑ 車に気をつけてください。

28 정답 2

□ **相談(する)**：상담
㉑ 一人で悩まないで、誰かに相談したほうがいい。

29 정답 1

□ **道をたずねる**：길을 묻다
㉑ 交番で道を尋ねました。

もんだい 5

30 정답 1

□ **ごぞんじ(です)**：「知っています」의 정중한 표현, 알고 계심
㉑ 先生は私の父をごぞんじでしたか。

오답해설
2, 3, 4는 「知っています」가 맞음.

31 정답 4

□ **細かい**：잘다, 미세하다, 까다롭다
㉑ 「細かいお金持ってる？」「いや、1万円しかない」／細かい砂、細かい作業、細かいルール

오답해설
1, 2, 3은 「小さい」가 적당.

32 정답 4

□ **弱い**：약하다 ↔強い
㉑ 弱いチーム／妹は体が弱いから、すぐ風邪をひく。

오답해설
1 低い、2 安い、3 忙しい 등이 적당.

33 정답 3

□ **引っ越す**：이사하다
㉑ 来週、A町からB町へ引っ越します。

오답해설
1 うつりました、2 うつしました、4 うつしました 등이 적당.

34 정답 1

□ **失礼します**：실례합니다, 실례하겠습니다
㉑ 失礼ですが、山本さんですか。／大変、失礼しました。／では、私は失礼します。
(여기를 나갑니다, 돌아갑니다 등의 의미)

오답해설
2 お帰りになります、3 帰ります、4 走り出しました/行きました 등이 적당.

언어지식(문법)·독해

문법

もんだい 1

1 정답 4

□ ○○語で…という
□ ○○語で…を表す(…의 의미이다)
㉮ これは日本語で何と言いますか。

오답해설

1 公園にこどもがいます。(~에/존재의 장소)
2 朝ごはんを食べます。(~을/동작의 대상)
3 子どもが遊んでいます。(~가)

2 정답 1

「(~は/が) ~に~ (ら)れる」의 형태. (수동)
㉮ (私は) 先生にしかられた。

오답해설

2 先生は学生をほめた。

3 정답 1

□ **~になる** : ~해 지다(변화)
㉮ よく寝たら、元気になりました。(な형용사+になる)

오답해설

2 髪が長くなったので、切りたいです。(い형용사+くなる)

4 정답 2

□ **~までに** : ~까지(기한)
㉮ 来週の金曜日までに、レポートを提出しなければなりません。

오답해설

1 昨日の晩、9時から12時まで勉強しました。
3 今までも、これからも、友達です。
4 お祭りなので、明日まではとても忙しいです。

5 정답 2

□ **~かどうか** : ~할지 어떨지, ~인지 어떤지
「か」는 의문을 나타낸다.
㉮ 明日は晴れるかどうかわかりません。

오답해설

1 弟は500円しか持っていません。(「~ない」와 함께 사용)
3 A:「どのあめがほしい? 赤いの? 青いの?」
B:「赤いのがほしい。」
4 言葉の意味がわからないときは、辞書を引くとか、友達に質問するとかして調べてください。

6 정답 4

□ **どこにも~ない** : 어디에도 ~없다
㉮ 娘はどこにもいなかった。

오답해설

1 どこでも無料で配達します。(어디라도)
3 A:「ピザとパスタ、どちらがいいですか。」
B:「どちらでもいいです。」(어느 쪽이든)

7 **정답 1**

□ **すっかり** : 완전히

㉠ 彼との約束をすっかり忘れていた。

오답해설

2 彼の話は難しく、ちっともわからなかった。(조금도)

3 昨日は天気が良く、富士山がはっきり見えた。(뚜렷이)

4 10人以上必要だ。5人じゃ、ぜんぜん足りない。(전혀)

8 **정답 4**

□ **~(した)あとで** : ~(한) 후에

「동사의 た형+あとで」의 형태

㉠ お風呂に入ったあとで、夕食を食べます。

9 **정답 2**

「い형용사+くする」의 형태

㉠ 字が小さくて読みにくいので、もう少し大きくしてください。

오답해설

1 もう少し静かにしてください。(な형용사+にする)

3, 4 子供が寝たので静かになりました。(な형용사+になる)

★「~する」와 「~なる」:

~する : (사람이나 물건이) 무언가를 변화 시키는 것.

~なる : (사람이나 물건이) 변화 하는 것.

10 **정답 2**

「(~は) ~に~てもらう」의 형태.

㉠ 私は姉に英語を教えてもらいました。
(=「姉が」「私を」가르쳤다)

오답해설

1 私は友達に日本料理を教えてあげました。(=「私が」가르쳤다)

3 友達は私に中国料理を教えてくれました。(=「友達が」가르쳤다)

4 私は姉に引っ越しを手伝わされました。(=「私が」도움 받았다/사역수동)

11 **정답 4**

□ **~だす** : ~하기 시작하다

※동사ます형+だす

㉠ 田中さんはさっきまで笑っていたのに、急に泣き出した。

12 **정답 2**

「(장소)に~が~てある」의 형태.

※「타동사+てある」(결과의 상태)

㉠ 教室に本が置いてある。

오답해설

1 彼は、今、本を読んでいる。(「타동사+ている」/동작의 진행)

3 今日友達が来るので、部屋を掃除しておいた。(청소해 두었다/준비)

4 母は私に、ピアノを習わせた。(배우게 했다/사역)

13 **정답 4**

□ **~そうだ** : ~일 것 같다

※동사ます형+そうだ

㉠ 父親にしかられて、その子は泣きそうだった。

14 **정답 2**

□ **~(さ)せていただけませんか** : ~하게 해주시지 않겠습니까?

㉠ 今日は体の調子が悪いので、授業を休ませていただけませんか。

오답해설

1 このバスは多くの人に使われている。(수동)

3 こんなくだらないパーティーに1万円も使わされた。(사역수동)

4 すみません、ちょっとパソコンを使ってもいいですか。(허가)

15 정답 1

□ ~つもり : ~예정

「동사 기본형+つもり」의 형태.

예 今年の秋、京都に旅行に行くつもりです。

もんだい 2

16 정답 3

A「来週の　パーティーの　場所　を知りたいんですが、4だれ　1に　3聞けば　2わかりますか。」

17 정답 3

A「すみません。資料を　部屋に　2忘れたので　1取りに　3行って　4きます。」

18 정답 2

A「おなかが　すきましたね。」
B「ええ。カレー　1でも　3食べ　2に　4行きましょう　か。」

19 정답 4

11月に　入って、3だんだん　1寒く　4なって　2きた。

20 정답 1

A「ねえ、知ってる？　田中さんが　2つとめている　4会社が　1テレビで　3紹介されるらしいよ。」

もんだい 3

21 정답 1

□ ~たばかり : 막 ~하다

오답해설

2 日本へ来てから、日本語の勉強を始めました。(~하고 나서/동사 て형+から)

3 日本へ来る前、会社で働いていました。(~하기 전에/동사 기본형+前)

4 晴れているうちに、写真をたくさん撮った。(~하고 있는 동안에/동사ている+うちに)

22 정답 2

毎朝くだものを食べます。例えば、バナナやリンゴです。(예를 들면)

오답해설

1 私は日本へ留学したいと父に言った。しかし、父は反対した。(하지만)

3 このホテルは安いし、それに、駅からも近い。(게다가)

4 明日、もし、雨が降ったら、試合はありません。(만약)

23 정답 2

□ ~そうだ : ~일 것 같다

예 雪も降り始め、外は寒そうです。

※い형용사의 어간 + そうだ（おいしそうだ）

な형용사의 어간 + そうだ（しずかそうだ）

오답해설

1, 3, 4 「〈보통형〉＋そうです」는 전문표현(사람이나 뉴스 등으로 들은 것, ~라고 한다)

24 정답 3

'시간은 걸렸지만(가까스로~하게 되었다)'이라는 의미.

오답해설

1 おもしろいので、もっと話を聞きたい。(좀더)

2 先週からずっと雨が降っている。(줄곧, 계속)

4 こんなに努力したんだから、きっとうまくいく。(꼭, 반드시)

25 정답 2

「（～は）～に～てもらう」의 형태.

友達につれて行ってもらった。(=「友達が」 나를 데리고 갔다)

오답해설

1 「友達は私をお寺へつれて行ってくれました。」면 OK.

독해

もんだい 4 (단문)

(1) 「좋지 않는 구매법」

26 정답 3

쇼핑은 ①「本当にそれを使うかどうか」, ②「うちに置く場所があるかどうか」를 생각하는 것이 중요하다고 말하고 있다.

①②를 생각하지 않는 좋지 않은 예는 3번. 필요한 토마토는 1개인데, 구입한 토마토(10개)가 너무 많음→나중에 둘 곳이나 이용에 곤란을 겪는다.

오답해설

1→ '입을 예정을 생각하는'것은 ①을 생각하는 것으로 좋은 구매법

2→ '싸게 파는 가게를 찾는 것'은 쓰여있지 않음.

4→ '크기'를 '잘 알아보는'것은 ②를 생각하는 것으로 좋은 구매법.

주요어휘

- □ 本当に : 정말
- □ とくに : 특히
- □ 場所 : 장소
- □ 捨てる : 버리다
- □ 値段 : 가격
- □ 予定(する) : 예정
- □ さがす : 찾다
- □ 必要(な) : 필요
- □ 選ぶ : 선택하다
- □ 見つける : 찾아내다
- □ 調べる : 조사하다

(2) 「병원에 가는 것」

27 정답 3

친구의 말을 듣고 '걱정이'되었다.→매일 「私も(友だち)同じ病気かもしれない」라고 생각하니까→'배가 아파'졌다. 이것은 선택지 3번과 같다.

오답해설

1→ 입원한 것은 친구.

2→ 이 사람은 「ほとんど病院へ行ったことがない」지만, 「一回も（行ったことがない）」라고는 말하고 있지 않음.

제1회 제2회 제3회 문자·어휘 문법 독해 청해

4→ 「1年前からずっとおなかが痛かった」는 친구. 이 사람은 「何も病気はない」.

주요어휘

- □ **ほとんど〜ない**：거의 ~없다
- □ **入院(する)**：입원 ↔退院(する)：퇴원
- □ **ずっと**：쭉, 훨씬
- □ **急に**： 갑자기
- □ **心配になる**： 걱정되다
- □ **何も〜ない**：아무것도 ~없다
  - 예 何も買わない、何も話はない
- □ **一回も〜ない**：한 번도 ~없다
- □ **(〜が)治る**：(~가) 낫다

(3)「회식 공지」

28 정답 **4**

「（山川さんが）食べられないものがあったら教えてほしい（そうです）」라고 쓰여있으므로, 야마카와 씨에게 '생선은 먹지 않는다'고 알려준다.

오답해설

1, 2→ 메일을 보내는 것은「都合が悪い」할 때만. 안 씨는 금요일 저녁에는 사정이 괜찮음.

3→ 「山川さんが食べ物を買っておいてくれる」라고 쓰여있음.

주요어휘

- □ **連絡(する)**：연락
- □ **〜つもり**：~할 예정
- □ **もし**：혹시
- □ **都合が悪い**：사정이 나쁘다 ↔都合がいい
- □ **〜ておく**：~해 두다
  - 예 明日テストなので、よく勉強しておきます。

(4)「방을 이용할 때의 주의사항」

29 정답 **3**

「歌を歌ったり…場合は、音楽室をご利用ください」＝이 방에서는 노래를 부르면 안 된다.

오답해설

1→ 10월은 '접수처에 말하고'사용할 수 있음.

2→ 돌아갈 때 문은 '열어 둔다'

4→ 「6月から9月」「11月から3月」 이외에만 접수처에 말한다.

주요어휘

- □ **市民センター**：시민센터
- □ **利用(する)**：이용
- □ **注意(する)**：주의
- □ **エアコン**：에어컨
- □ **冷房**：냉방
- □ **暖房**：난방
- □ **〜以外**：~이외
- □ **受付**：접수
- □ **片づける** ：정리하다

もんだい５(중문)

「걷는 것, 달리는 것」

30 정답 **2**

「運動があまり好きじゃない人にも簡単」하고, 「スポーツクラブに通わなくてもいい(2~3번째 행)」에서, 좋은 생각이라고 말하고 있다. 첫 문장 「エレベーターやバスに乗らないで歩くようにしている」라는 생각을 가리킨다.

31 정답 **4**

에리카 씨에 대해서는 2, 3번째 단락에 쓰여있다.→「来月、エリカさんは初めてマラソン大会に出るそうです。」(열 번째 행)

오답해설

1→ 이 문장을 쓴 사람은 달리고 있지 않음.

2→ 네 번째 행 「はじめは運動が好きじゃなかった。」

3→ 앞으로 「10キロを1時間で走れるようになりたい(열한 번째 행)」→ 아직은 그렇게 달리지 못함.

32 정답 4

마지막 문장「私もこれから歩くことから始めてみようと考えています。」에 주의. 이제부터 시작할 것이라서 아직 걷는 것도 뛰는 것도 하고 있지 않다.

오답해설

1→ 첫 번째 단락에「私のように運動があまり好きじゃない人(세 번째 행)」라고 쓰여있다.

33 정답 2

이 사람이 알게 된 것 :
「子どものときから運動の好きな人が、大人になっても走る」→「そんなことはない」(13~14번째 행)

오답해설

1→「体がじょうぶになること」는 쓰여있지 않음.
3→ 에리카 씨는 '열심히 운동을 계속 해'온 것이 아님. 운동을 즐기고 있음.
4→「走ること」와「友だちが見つけられること」의 관계는 쓰여있지 않음.

주요어휘

- ☐ **増える** : 증가하다 ↔減る
- ☐ **(~に)通う** : ~을 다니다
- ☐ **最近** : 최근
- ☐ **乗り物** : 탈것, 교통 기관
- ☐ **楽しむ** : 즐기다
- ☐ **習慣** : 습관
- ☐ **見つける** : 발견하다, 찾다

もんだい 6 (정보검색)

「도서관」

34 정답 3

「○借りるとき」를 보자.「60歳以上の人はCDを5枚まで」이기 때문에 CD 5장과 책 4권을 빌리는 것이 가능하다.

오답해설

1→「A市以外の人はCDは借りられません」
2→「本と雑誌は一人合わせて10冊まで」
4→「DVDは借りられません」

35 정답 1

「○返さなければならない日までに本を読みおわらなかったとき」를 보자.
「返さなければならない日までに…電話でお知らせください。」라고 쓰여있으므로, 오늘 전화를 하면 앞으로 2주간 빌릴 수 있다.

주요어휘

- ☐ **市立** : 시립
- ☐ **通う** : 다니다
- ☐ **もう少し** : 조금 더
- ☐ **受付** : 접수
- ☐ **予約(する)** : 예약
- ☐ **利用(する)** : 이용
- ☐ **はじめて** : 처음
- ☐ **合わせて** : 합해서
- ☐ **~以上** : ~이상 ↔以下
- ☐ **~以外** : ~이외
- ☐ **必ず** : 반드시
- ☐ **知らせる** : 알리다
- ☐ **予定(する)** : 예정

N4 필수 한자 체크! ③

※어려운 읽기와 N5레벨의 한자는 넣지 않았습니다.

□ **集**　シュウ／あつ－まる　あつ－める
　예 集合(しゅうごう)／駅(えき)に集(あつ)まる、ゴミを集(あつ)める

□ **住**　ジュウ／す－む
　예 住所(じゅうしょ)／親(おや)といっしょに住(す)む

□ **重**　おも－い　예 重(おも)い荷物(にもつ)

□ **春**　はる
　예 もうすぐ春(はる)がやって来(く)る。

□ **所**　ショ／ところ
　예 場所(ばしょ)、事務所(じむしょ)／行(い)きたい所(ところ)

□ **暑**　あつ－い　예 暑(あつ)い日(ひ)

□ **乗**　ジョウ／の－る　の－せる
　예 乗車(じょうしゃ)／バスに乗(の)る、テーブルの上(うえ)に乗(の)せる

□ **場**　ジョウ／ば
　예 会場(かいじょう)／場所(ばしょ)、タクシー乗(の)り場(ば)、場合(ばあい)

□ **色**　ショク／いろ
　예 ３色(しょく)のボールペン／黄色(きいろ)

□ **心**　こころ
　예 心(こころ)からお礼(れい)を言(い)う、心(こころ)と体(からだ)

□ **真**　シン／ま
　예 写真(しゃしん)／真(ま)っすぐ、真(ま)ん中(なか)

□ **進**　すす－む　すす－める
　예 前(まえ)に進(すす)む、作業(さぎょう)を進(すす)める

□ **森**　もり　예 森(もり)の中(なか)に池(いけ)がある。

□ **親**　シン／おや
　예 両親(りょうしん)／親子(おやこ)、父親(ちちおや)、母親(ははおや)

□ **図**　ズ　ト　예 地図(ちず)、図書館(としょかん)

□ **世**　セ　예 世界(せかい)

□ **正**　ショウ／ただ－しい
　예 正月(しょうがつ)／正(ただ)しい答(こた)え、

□ **声**　こえ　예 きれいな声(こえ)

□ **青**　あお　あお－い
　예 青(あお)のペン、青(あお)い空(そら)

□ **夕**　ゆう　예 夕方(ゆうがた)

□ **赤**　あか　あか－い
　예 赤信号(あかしんごう)、赤(あか)い靴(くつ)

□ **切**　セツ／き－る　き－れる
　예 大切(たいせつ)な思(おも)い出(で)／髪(かみ)を切(き)る、切手(きって)、電話(でんわ)が切(き)れる

□ **説**　セツ　예 説明(せつめい)

□ **洗**　あら－う　예 手(て)を洗(あら)う

□ **走**　はし－る　예 駅(えき)まで走(はし)る

□ **送**　ソウ／おく－る
　예 郵送(ゆうそう)／荷物(にもつ)を送(おく)る、メールを送(おく)る

□ **族**　ゾク　예 家族(かぞく)

□ **村**　ソン／むら
　예 市町村(しちょうそん)／小(ちい)さな村(むら)

□ **太**　ふと－い　예 太(ふと)いうで

□ **体**　タイ／からだ
　예 体調(たいちょう)／大(おお)きな体(からだ)

□ **待**　ま－つ　예 電車(でんしゃ)を待(ま)つ

□ **貸**　か－す　예 本(ほん)を貸(か)す

□ **代**　ダイ／か－わる
　예 バス代(だい)、電話代(でんわだい)、時代(じだい)／～さんと代(か)わる、社長(しゃちょう)の代(か)わりに

□ **台**　ダイ　예 台所(だいどころ)

□ **題**　ダイ　예 問題(もんだい)、宿題(しゅくだい)

□ **短**　タン／みじか－い
　예 短時間(たんじかん)／短(みじか)いえんぴつ

□ **地**　チ　예 地図(ちず)、地下(ちか)

□ **池**　いけ　예 古(ふる)い池(いけ)

□ **知**　し－る
　예 知(し)らせる、知(し)らない人(ひと)

□ **茶**　チャ
　예 紅茶(こうちゃ)、お茶(ちゃ)

□ **着**　チャク／き－る　き－せる　つ－く
　예 10時(じ)30分着(ぶんちゃく)の電車(でんしゃ)／着物(きもの)を着(き)る、服(ふく)を着(き)せる、東京(とうきょう)に着(つ)く

□ **注**　チュウ
　예 注意(ちゅうい)、注文(ちゅうもん)

□ **昼**　チュウ／ひる
　예 昼食(ちゅうしょく)／昼休(ひるやす)み

□ **町**　チョウ／まち
　예 市町村(しちょうそん)／町(まち)をきれいにする

□ **鳥**　とり　예 小鳥(ことり)

□ **朝**　チョウ／あさ
　예 朝食(ちょうしょく)／朝(あさ)ごはん

청해

問題1

例　정답2

男の人と女の人が話しています。男の人は、このあとまずどこに行きますか。

M：ちょっと本屋に行ってくるね。
F：あっ、じゃあ、朝食用のパンを買ってきてくれない？
M：よく行く駅前のパン屋？
F：あそこまで行かなくていいよ、遠いから。ABCスーパーでいいよ。普通のトースト用のパンでいいから。
M：わかった。
F：ああ、だから、コンビニでもいいよ。
M：うん。じゃあ、帰りに寄るよ。

男の人は、このあとまずどこに行きますか。

오답해설

빵은 「帰りに寄るよ」→ 돌아오는 길에 삼.

주요어휘

☐ ~用：~용
☐ 駅前：역 앞
☐ トースト：토스트

1番　정답3

男の学生と女の学生が話しています。女の学生は、まずどこに行きますか。

M：もしもし、田中さん？　今、どこにいるの。
F：今、駅に着いたとこ。
M：じゃあ、駅前のコンビニの前の道を来てくれる？　少し行くと郵便局があるから、そこにいて。迎えに行くから。
F：え、そうなの？　このまま会場のレストランに行くつもりだったけど。
M：うん…場所がちょっとわかりづらいんだよ。
F：わかった。じゃあ、お願い。

女の学生は、まずどこに行きますか。

오답해설

「郵便局があるから、そこにいて」라고 되어있으므로 답은 3번.

주요어휘

☐ 着いたとこ：막 도착한 참
☐ 迎えに行く：마중 나가다

2番　정답2

家で、娘と父親が話しています。娘が探しているのは、どの服ですか。

F：ねえ、お父さん、私の上着知らない？
M：上着？　どんなやつ？
F：いつも着てるじゃない。白で、ボタンがたくさん付いてるやつ。
M：うすい黄色のじゃなくて？
F：それはパジャマ。全然わかってないなあ。あ、あった。これだよ、ほら。
M：ああ、それか。ごめん、ごめん。

娘が探しているのは、どの服ですか。

오답해설

「上着」「白で、ボタンが」라고 하고 있으므로 답은 2번.

주요어휘

☐ 付いてる：붙어있다, 달려있다
☐ パジャマ：파자마

3番　정답 3

男の学生と女の学生が話しています。男の学生は、明日何を持って行きますか。

M：ねえ、明日の工場見学って、何か必要なものある？
F：佐藤くん、先生の話聞いてなかったの。
M：ごめん、すごく眠かったから…。
F：お弁当と飲み物は、用意しておいてくれるんだって。
M：へえ、そうなんだ。お金はいるの？
F：ううん、いらない。いるのはノートとペン。あとでレポートを書くから。
M：わかった。カメラはいいんだっけ？
F：それは、ひとつのグループにひとつ。私が持っていくよ。
M：わかった。

男の学生は、明日何を持って行きますか。

주요어휘

□ **～がいる**：～가 필요하다
□ **いい**：(여기서는) 충분하다, 족하다, 필요하지 않다

4番　정답 3

美術館で、案内を聞いています。女の人は、どの絵を紹介していますか。

F：これは彼が子どものころ、ふるさとの景色をかいた絵です。夏にはよく、この川で泳いだり、釣りをしたりして遊んだそうです。この絵がかかれたのは、たぶん春で、遠くの山々にはまだ雪が残っています。

女の人は、どの絵を紹介していますか。

오답해설

「この川で」「遠くの山々」라고 되어있으므로, 답은 3번.

주요어휘

□ **ふるさと**：고향
□ **山々**：많은 산
　㉑ 木々の緑、日々の努力、人々の生活

5番　정답 2

男の留学生と女の学生が話しています。男の留学生は、ホストファミリーに何をあげますか。

M：原さん、ちょっといいですか。
F：うん。何？
M：来月帰国なので、ホストファミリーに何かお礼をしたいと思うんです。何がいいでしょうか。
F：そうねえ…。物じゃなくて、手紙でもいいんじゃない？　日本語で一生懸命書いて。
M：じゃあ、みんなにそれぞれ手紙を書きます。それと、プレゼントも何かあげたいんですが。
F：そうねえ、お花とかでもいいんだけど…。あ、そうだ。リーさんと一緒に撮った写真を入れて、写真立てをあげるのはどう？
M：あ、それいいですね。そうします。

男の留学生は、ホストファミリーに何をあげますか。

주요어휘

□ **ホストファミリー**：호스트 패밀리 ㊖ host family

6番　정답 2

男の学生と女の学生が話しています。男の学生は何を準備しますか。

M：明日のお花見、何か用意するものある？
F：ありがとう。じゃあ、お願いしていいかなあ。ちょっと重いけど、お茶とジュース、いい？
M：わかった。ほかには？
F：あとは、紙のお皿とコップ…。あ、いいや、これは。私が買っておくから。お弁当は、原くんが買ってきてくれるって。
M：わかった。じゃ、ぼくはあと、お菓子を買ってこようか。
F：そうね。じゃ、適当に。

男の学生は何を準備しますか。

주요어휘

□ **適当に**：적당히

7番　정답 4

10 3회

駅で、女の人と駅員が話しています。女の人は、このあと何をしますか。

F：すみません、電車の中か駅で財布を落としてしまったみたいなんですが。
M：電車は、いつの電車ですか。
F：えーと、30分くらい前にここに着いた電車です。黒い財布です。
M：…こちらには届いてないですねえ。<u>終点</u>のみどりやま駅に聞いてみますね。…あ、ありましたよ。
F：ほんとですか！　よかったです。
M：取りに行きます？
F：あのう、夜でもいいですか。これから仕事がありますので。
M：いいですよ。じゃあ、伝えておきますね。

女の人は、このあと何をしますか。

주요어휘

☐ **終点**：종점

8番　정답 4

大学で、女の学生と男の学生が話しています。明日どこで集まりますか。

F：田中くん、グループ研究について話したいんだけど、明日の6時ごろでもいい？
M：ああ、いいよ。どこで？
F：それはこれから決めるところ。
M：ぼくの家でもいいよ。みんながよければ。
F：うーん、<u>ありがたい</u>けど、場所を移るのがちょっと大変。107教室とかは？
M：その時間は、もう閉まってると思うよ。最近、<u>厳しい</u>から。
F：じゃあ、図書館か食堂だね。
M：そのどちらかだね。でも、図書館は静かにしないといけないからなあ。
F：うん、図書館はやめよう。

明日どこで集まりますか。

오답해설

「じゃあ、図書館か食堂だね」「図書館はやめよう」라고 되어있으므로, 식당이 정답.

주요어휘

☐ **ありがたい**：고맙다, 감사하다
☐ **厳しい**：엄격하다

問題2

例　정답 3

男の学生と女の学生が話しています。女の学生は、どうしてアルバイトをやめましたか。

M：アルバイトやめたん<u>だって？</u>
F：うん。
M：お金は結構良かったんでしょ？
F：うん、良かったよ。おかげで留学するためのお金もできたし。
M：じゃあ、<u>なんで？</u>
F：最近、勉強のほうが大変になってきちゃって。
M：そうなんだ。

女の学生は、どうしてアルバイトをやめましたか。

주요어휘

☐ **～(んだ)って？**：「～って」는 전해 들은 것을 나타냄. 「～って？」는 '~라고 들었는데, 정말?'이라는 의미. 「～んだ」는 놀라거나 감동한 마음을 나타냄.
☐ **なんで？**：어째서?

1番　정답 2

駅で、女の人と係の人が話しています。女の人は、何時何分の新幹線に乗ると言っていますか。

F：すみません、東京から京都まで大人二人、<u>なるべく</u>早いのでお願いします。
M：お二人ですね。…ああ、9時30分発はもう<u>満席</u>ですね。次の50分発の京都行きなら空いてますが。ただ、席は離れますけど。

F：あ、そうなんですか…。できれば一緒がいいんですが。

M：今、混んでますからねえ。次の10時10分発も同じです。10時30分発の広島行きなら、ご一緒でお取りできますが。

F：10時30分!? それじゃ遅すぎるから、最初の、京都行きでお願いします。

M：わかりました。

女の人は、何時何分の新幹線に乗ると言っていますか。

오답해설

「最初の、京都行き」는 '9시 30분발 다음'의 「50分発の京都行き」.

주요어휘

☐ **なるべく**：될 수 있는 한

☐ **～発**：～발, 출발　↔～着：～착, 도착

☐ **満席**：만석, 출발

☐ **できれば**：가능하면

2番　정답 3

15 3회

女の人と男の人が話しています。女の人は、どうして引っ越しますか。

F：ねえ、山田くん。来月引っ越すんだけど、手伝ってくれない？

M：いいよ。でも、どうして引っ越すの？　何か問題があるの？

F：そんなことないよ。ちょっと古いけど、きれいだし。

M：じゃあ、留学するとか？

F：ううん。もう少し広いところがいいなあと思って。駅からは遠くなるけどね。

M：そうか…。まあ、荷物は増えていくからね。

女の人は、どうして引っ越しますか。

오답해설

「もう少し広いところがいい」→ 지금의 방은 약간 좁다.

3番　정답 3

女の学生と先輩の男の学生が話しています。二人は、いつ会いますか。

F：原さん、ちょっと授業のレポートのことで相談があるんですが。

M：うん、いいよ。今？

F：いえ、今日はまだちょっと…。

M：明日は、ぼくがちょっと忙しいんだ。あさってでも、いいかな。そのレポートはいつまで？

F：えっと…来週の月曜日です。だから、その日で大丈夫です。

M：よかった。じゃあ、そうしよう。

二人は、いつ会いますか。

오답해설

「あさってでもいいかな」「その日で大丈夫」라고 되어있으므로 답은 3번.

4番　정답 4

イベントで、係りの人が話しています。今日の天気はどうだと言っていますか。

F：みなさん、こんにちは。今年の港祭りも今日が3日目、いよいよ最終日です。今日は朝から曇っていますが、雨は降らないそうです。まあ、昨日、一昨日と、よく晴れて、すごく暑かったですからね。ちょっとほっとしますよね。でも、明日の朝になると、また晴れて、昨日と同じような一日になるようです。まだまだ暑い日が続きますが、暑さに負けないよう、頑張りましょう。

今日の天気はどうだと言っていますか。

오답해설

「今日は朝から曇っています」와 「明日の朝になると、また晴れて」에서 답은 4번.

주요어휘

- □ いよいよ：드디어
- □ 最終日：마지막 날
- □ ほっとする：한숨 놓다
- □ まだまだ：아직

5番　정답 1

18 3회

店で、店の人と男の人が話しています。店の人は、最近のプリンターがどうなったと言っていますか。

F：いらっしゃいませ。プリンターをお探しですか。
M：はい。今使ってるのが壊れたので、新しいのを買おうかと思って。
F：では、こちらはいかがでしょうか。主に家庭用ですが、印刷のスピードが速いんです。デザインもおしゃれなので、人気ですよ。
M：へー。そんなに大きくないんですね。
F：ええ。以前は、プリンターといえば大きいものでしたが、ここ何年かでかなり小さくなりましたよ。
M：いいですね、値段も高くないし。

店の人は、最近のプリンターがどうなったと言っていますか。

主요어휘

- □ 印刷：인쇄

6番　정답 1

先生と女の学生が話しています。女の学生は誰と行きますか。

M：今日もアルバイトですか。
F：いえ、今日はこれからお祭りに行きます。
M：お祭り？
F：はい、うちの近くで毎年この時期にあるんです。
M：へえ、いいですね。
F：はい。今年は久しぶりに親と行くことになって…。いつもは友だちと行くんですが、留学して、今日本にいないので。
M：そうですか。でも、ご両親はきっと楽しみにしていますよ。
F：はい。

女の学生は誰と行きますか。

주요어휘

- □ 時期：시기

7番　정답 2

女の人と男の人が話しています。男の人は、何を教えていますか。

F：青木先生は海外のことに詳しいんですね。
M：会社に勤めていた頃は、ほとんど海外生活だったんです。いろんな国を回りましたよ。
F：そうだったんですか。私はずっと中国語の先生をされていると思っていました。じゃあ、中国語以外もおできになるんですね。
M：いえいえ。まあ、英語は必要ですからね。あとは、スペイン語とイタリア語なら、簡単な会話はできます。
M：すごいですね。私なんか、英語も全然だめなのに。

男の人は、何を教えていますか。

주요어휘

- □ 回る：돌아다니다
- □ おできになる：「できる」의 존경어

問題3

例 정답 3

23 3회

久しぶりに先生に会いました。何と言いますか。

F：1 ようこそ。
　2 失礼いたしました。
　3 お久しぶりです。

주요어휘

☐ **ようこそ**：환영합니다
☐ **失礼いたしました**：실례했습니다

1番 정답 3

娘の部屋が汚いです。何と言いますか。

F：1 片付けていいから。
　2 片付けてもらって。
　3 片付けなさい。

부모가 아이에게 하는 말로, 명령형인 「～なさい」를 사용, 정답은 3번.

오답해설

1→ 딸이 정리하려는 경우.
2→ 딸이 누군가에게 정리를 부탁하는 경우.

2番 정답 1

上司に話をしたいです。何と言いますか。

F：1 今、お時間ありますか。
　2 すみません、お聞きください。
　3 ちょっと相談しましょう。

상대방과 이야기를 나누고 싶을 때, 우선 사용하는 말로 정답은 1번.

주요어휘

☐ **上司**：상사

3番 정답 2

先生が忙しそうです。手伝いたいです。何と言いますか。

F：1 お手伝いしてくれませんか。
　2 お手伝いしましょうか。
　3 お手伝いしてあげましょうか。

오답해설

1→ 상대방에게 도움을 구하는 표현.
3→ 「～してあげましょうか」는 선생님이나 손윗사람 등에게는 쓰지 않는 편이 좋다.

선생님 등	お手伝いしましょうか
동료	手伝いましょうか
친구	手伝おうか／手伝ってあげようか

4番 정답 3

同僚に、コピーを頼みたいです。何と言いますか。

M：1 ちょっと、これをコピーしてあげる？
　2 あっ、これをコピーしてもらおうか。
　3 ごめん、これをコピーしてくれない？

오답해설

2→ 「～てもらおう(か)」라고 상대방에게 말하는 것은 부하 등에게 지시할 때 등.

5番 정답 1

レストランのアルバイトで、注文を間違えてしまいました。お客さんに何と言いますか。

M：1 申し訳ありません。
　2 ごめんください。
　3 おじゃましました。

주요어휘

☐ **ごめんください**：계십니까? (저, 실례합니다)

問題4

例　정답 2

F：Mサイズしかありませんが、よろしいですか。

M：1 どうぞ。
　　2 結構です。
　　3 かしこまりました。

주요어휘

☐ **結構です**：여기서는 '좋습니다, 괜찮습니다'

1番　정답 2

M：日本へ来たのはいつですか。

F：1 去年の12月からです。
　　2 ええと、今年の1月です。
　　3 じゃ、一か月半ですね。

오답해설

1→ 질문이 「日本にはいつからいらっしゃるんですか」면 OK.

2番　정답 1

F：どうしてもっと早く連絡しなかったの？

M：1 すみませんでした。
　　2 おかまいなく。
　　3 失礼します。

주요어휘

☐ **どうして～なかったの？**：왜 ～하지 않았어? (상대방이 ～하지 않은 것에 화를 낼때 사용)

☐ **おかまいなく**：신경 쓰지 마세요

☐ **失礼します**：실례합니다, 실례하겠습니다

※「失礼しました」는 사과할 때의 표현.

3番　정답 3

F：来週までにこの本を読んでおくように。

M：1 ええ、結構です。
　　2 ええ、かまいませんよ。
　　3 はい、わかりました。

오답해설

「～ておいてください」「～ておくように」는 선생님 등이 상대방에게 지시를 할 때의 표현.

4番　정답 3

M：卒業して国に帰ったら、何をするんですか。

F：1 日本語教師をしたことがあります。
　　2 日本語を教えるところです。
　　3 日本語の先生になるつもりです。

앞으로의 예정이므로 「～つもり」를 사용, 정답은 3번.

주요어휘

☐ **～するところ**：막 ～하려던 참이다

5番　정답 1

M：ちょっと手伝ってほしいんですが。

F：1 はい、何ですか。
　　2 いいえ、大丈夫ですよ。
　　3 はい、お願いしたいです。

6番　정답 1

M：この部屋、ちょっと暑いですね。

F：1 あ、窓を開けましょうか。
　　2 ええ、暑そうですね。
　　3 そうですね、そんなに暑くないですね。

오답해설

2→ 자신도 같은 방에 있으므로 「暑そうですね」는 ×.

7番 정답 1

37 3회

F：飲み物は、あとでお願いします。

M：1 かしこまりました。
2 どうもありがとうございます。
3 けっこうです。

주요어휘

□ かしこまりました：알겠습니다

8番 정답 2

M：待ち合わせ、どこにしようか。

F：1 うん、30分前に会おうか。
2 どこでもいいよ。
3 受付の前だね。わかった。

N4 필수 한자 체크! ④

※어려운 읽기와 N5레벨의 한자는 넣지 않았습니다.

- □ **通** ツウ／とお－る　とお－す　かよ－う
  - 예 交通／毎日通る道、通り、大学に通う、前を通してください。
- □ **低** ひく－い　예 背が低い
- □ **弟** ダイ／おとうと
  - 예 兄弟
- □ **転** テン　예 運転
- □ **田** た　예 田んぼ
- □ **都** ト　ツ
  - 예 東京都、都合
- □ **度** ド　예 今度
- □ **冬** ふゆ　예 冬の寒さ
- □ **答** トウ／こた－える　こた－え
  - 예 解答／質問に答える、問題の答え
- □ **頭** あたま　예 頭がいたい
- □ **同** おな－じ　예 同じクラス
- □ **動** ドウ／うご－く
  - 예 運動／時計がまた動きだした。
- □ **堂** ドウ　예 食堂
- □ **働** はたら－く　예 9時から働く
- □ **特** トク　예 特別
- □ **肉** ニク
  - 예 豚肉、牛肉
- □ **売** う－る　예 高く売る
- □ **発** ハツ　예 発音
- □ **飯** ハン　예 朝ご飯
- □ **病** ビョウ　예 病気
- □ **品** ヒン／しな　예 品物
- □ **不** フ　예 不便
- □ **風** フウ／かぜ
  - 예 台風／気持ちのいい風
- □ **服** フク　예 服を着る
- □ **物** ブツ／もの
  - 예 動物／品物
- □ **文** ブン　예 文学
- □ **別** ベツ／わか－れる
  - 예 特別／友達と別れる
- □ **便** ベン　ビン／たよ－り
  - 예 便利、郵便／お便り
- □ **勉** ベン　예 勉強
- □ **歩** ホ／ある－く
  - 예 歩道／歩く
- □ **方** ホウ／かた
  - 예 地方、こっちの方、あの方
- □ **妹** マイ／いもうと
  - 예 妹
- □ **味** ミ／あじ
  - 예 趣味／おいしい味、味がしない
- □ **民** ミン　예 市民
- □ **明** メイ／あか－るい
  - 예 説明／明るい部屋
- □ **門** モン
  - 예 学校の門、専門
- □ **問** モン
  - 예 問題、質問
- □ **夜** ヤ／よる
  - 예 今夜／夜8時
- □ **野** ヤ／の
  - 예 野球／野原
- □ **薬** くすり　예 薬を飲む
- □ **有** ユウ／あ－る
  - 예 有名／シャワーの有る部屋
- □ **用** ヨウ
  - 예 用事、用意
- □ **洋** ヨウ　예 西洋
- □ **曜** ヨウ　예 曜日
- □ **理** リ　예 理由
- □ **旅** リョ　예 旅行
- □ **料** リョウ　예 料理
- □ **力** リョク／ちから
  - 예 日本語能力試験／力が強い。
- □ **林** はやし
  - 예 林の中を通る

모의시험 채점표

배점은 이 모의시험에서 설정한 것입니다. 실제 시험에는 공표되어있지 않지만, 각 과목의 합계득점이 표시되어 있어 그것을 바탕으로 하였습니다.「기준점* 목표」와 「합격점 목표」도 각각 실제 점수를 참고로 설정하였습니다.

기준점… 언어지식(문자 · 어휘 · 문법) + 독해 = 38점, 청해 = 19점
합격점… 90점(득점범위 0~180점)

★ 합격 가능성을 높히기 위해 80점 이상을 목표로 합시다.
★ 기준점에 도달하지 못한 과목이 있으면 중점적으로 복습합시다.

언어지식 (문자 • 어휘 • 문법) / 독해

문항	배점	만점	제 1 회		제 2 회		제 3회	
			정답 수	득점	정답 수	득점	정답 수	득점
언어지식 (문자 • 어휘)								
問題(もんだい) 1	1 点(てん) × 9 問(もん)	9						
問題(もんだい) 2	1 点(てん) × 6 問(もん)	6						
問題(もんだい) 3	1 点(てん) × 9 問(もん)	9						
問題(もんだい) 4	1 点(てん) × 5 問(もん)	5						
問題(もんだい) 5	1 点(てん) × 5 問(もん)	5						
언어지식 (문법)								
問題(もんだい) 1	1 点(てん) × 15 問(もん)	15						
問題(もんだい) 2	1 点(てん) × 5 問(もん)	5						
問題(もんだい) 3	1 点(てん) × 5 問(もん)	5						

※기준점 : 득점이 이 점수에 도달하지 못할 경우, 총 득점에 관계 없이 불합격 된다.

독해								
問題 1	4 点 × 4 問	16						
問題 2	4 点 × 4 問	16						
問題 3	4 点 × 2 問	8						
합계		99						
(기준점 목표)				(32)		(32)		(32)

청해

문항	배점	만점	제 1 회		제 2 회		제 3회	
			정답 수	득점	정답 수	득점	정답 수	득점
問題 1	3 点 × 8 問	24						
問題 2	3 点 × 7 問	21						
問題 3	2 点 × 5 問	10						
問題 4	1 点 × 8 問	8						
합계		63						
(기준점 목표)				(20)		(20)		(20)

	제 1 회	제 2 회	제 3회
종합 득점	／162	／162	／162
(합격점 목표)	(81)	(81)	(81)

합격을 위한 직전 체크

시험에 나오는 중요 어구·문형 리스트

- ☑ **문자** 훈독 · 음독에 주의해야 할 한자
- ☑ **어휘** 의미가 비슷한 어휘
- ☑ **문법** 자주 나오는 기본문형 64
- ☑ **독해** 독해 문제에 나오는 키워드
- ☑ **청해** 청해 문제에 나오는 키워드

문자 훈독 · 음독에 주의해야 할 한자

훈독에 주의해야 할 한자

한자	읽기	예
□ 空	すーく あーく そら から	おなかが**空**(す)**く** 席(せき)が**空**(あ)**く** 青(あお)い**空**(そら) 箱(はこ)が**空**(から)
□ 止	とーめる やーめる	タクシーを**止**(と)**める** 旅行(りょこう)を**止**(や)**める**
□ 出	でーる だーす	試合(しあい)に**出**(で)**る** ゴミを**出**(だ)**す**
□ 入	はいーる いーれる	部屋(へや)に**入**(はい)**る** カバンに**入**(い)**れる**
□ 始	はじーまる はじーめる	9時(じ)に授業(じゅぎょう)が**始**(はじ)**まる** 先生(せんせい)が授業(じゅぎょう)を**始**(はじ)**める**
□ 集	あつーめる あつーまる	切手(きって)を**集**(あつ)**める** 入(い)り口(ぐち)に人(ひと)が**集**(あつ)**まる**
□ 足	あし たーりる	**足**(あし)が痛(いた)い お金(かね)が**足**(た)**りない**
□ 開	ひらーく あーける	店(みせ)が**開**(ひら)**く** ドアを**開**(あ)**ける**
□ 起	おーきる おーこす	9時(じ)に**起**(お)**きる** 娘(むすめ)を**起**(お)**こす**
□ 上	うわ うえ	**上**着(うわぎ)を着(き)る 机(つくえ)の**上**(うえ)に置(お)く、**上**(うえ)の棚(たな)
□ 間	あいだ ま	休(やす)みの**間**(あいだ) **間**(ま)に合(あ)う、昼**間**(ひるま)
□ 話	はなし はなーす	先生(せんせい)の**話**(はなし) 友達(ともだち)と**話**(はな)**す**
□ 分	わーける わーかる	二人(ふたり)で**分**(わ)**ける** 日本語(にほんご)が**分**(わ)**かる**

음독에 주의해야 할 한자

한자	읽기	예
□ 日	ニチ ジツ	毎**日**(まいにち) 休**日**(きゅうじつ)
□ 人	ジン ニン	日本**人**(にほんじん) **人**形(にんぎょう)
□ 地	ジ チ	**地**震(じしん) **地**図(ちず)
□ 便	ビン ベン	ゆう**便**(びん) **便**利(べんり)
□ 分	フン プン ブン	5**分**(ふん)かかる 3**分**(ぷん)でできる 十**分**(じゅうぶん)足(た)りる

의미가 비슷한 어휘

동사

- □ 取(と)り替(か)える ㉠ カーテンを**取(と)り替(か)える**
  커튼을 바꾸다
- □ 替(か)える ㉠ 電池(でんち)を**替(か)える**
  건전지를 갈다

- □ 準備(じゅんび)(する) ㉠ 旅行(りょこう)の**準備(じゅんび)**をする
  여행 준비를 하다
- □ 用意(ようい)(する) ㉠ プレゼントを**用意(ようい)する**
  선물을 준비하다

- □ 働(はたら)く ㉠ 週(しゅう)に５日(いつか)**働(はたら)く**
  주에 5일 일하다
- □ 仕事(しごと)(する) ㉠ 貿易(ぼうえき)に関(かん)する**仕事(しごと)**
  무역에 관련된 일
- □ 勤(つと)める ㉠ A 社(しゃ)に**勤(つと)める**
  A 사에 근무하다

- □ 連絡(れんらく)(する) ㉠ 家(いえ)に**連絡(れんらく)する**
  집에 연락하다
- □ 知(し)らせる ㉠ みんなに**知(し)らせる**
  모두에게 알리다

- □ 中止(ちゅうし)(する) ㉠ 計画(けいかく)を**中止(ちゅうし)する**
  계획을 중지하다
- □ やめる ㉠ 行(い)くのを**やめる**
  가는 것을 그만두다

- □ 出発(しゅっぱつ)(する) ㉠ ８時(じ)に**出発(しゅっぱつ)する**
  8시에 출발하다
- □ 出(で)る ㉠ 部屋(へや)を**出(で)る**
  방에서 나오다

- □ 案内(あんない)(する) ㉠ 学校(がっこう)を**案内(あんない)する**
  학교를 안내하다
- □ 紹介(しょうかい)(する) ㉠ 友達(ともだち)を**紹介(しょうかい)する**
  친구를 소개하다

- □ 要(い)る ㉠ パスポートが**要(い)る**
  여권이 필요하다
- □ 必要(ひつよう)(な) ㉠ **必要(ひつよう)な**情報(じょうほう)
  필요한 정보

- □ 驚(おどろ)く ㉠ 日本(にほん)に来(き)て**驚(おどろ)いた**こと
  일본에 와서 놀란 것
- □ びっくり(する) ㉠ **びっくりする**ような値段(ねだん)
  깜짝 놀란 만한 가격

- □ 呼(よ)ぶ ㉠ 店員(てんいん)を**呼(よ)ぶ**
  점원을 부르다
- □ 招待(しょうたい)(する) ㉠ 家(いえ)に**招待(しょうたい)する**
  집에 초대하다

- □ お願(ねが)い(する) ㉠ 先生(せんせい)に**お願(ねが)いする**
  선생님께 부탁드리다
- □ 頼(たの)む ㉠ 友達(ともだち)に**頼(たの)む**
  친구에게 부탁하다

- □ 計画(けいかく)(する) ㉠ 旅行(りょこう)を**計画(けいかく)する**
  여행을 계획하다
- □ 予定(よてい)(する) ㉠ 夏休(なつやす)みの**予定(よてい)**
  여름방학 예정

- □ 故障(こしょう)(する) 예 パソコンが**故障(こしょう)する**
  컴퓨터가 고장나다
- □ 壊(こわ)れる 예 時計(とけい)が**壊(こわ)れる**
  시계가 고장나다

- □ 答(こた)える 예 質問(しつもん)に**答(こた)える**
  질문에 답하다
- □ 返事(へんじ)(する) 예 呼(よ)ばれて**返事(へんじ)する**
  (누가) 불러서 대답하다

- □ 出(で)る 예 授業(じゅぎょう)に**出(で)る**
  수업에 나가다
- □ 出席(しゅっせき)(する) 예 パーティーに**出席(しゅっせき)する**
  파티에 참석하다

형용사

- □ 危(あぶ)ない 예 **危(あぶ)ない**場所(ばしょ)
  위험한 장소
- □ 危険(きけん)(な) 예 **危険(きけん)**な仕事(しごと)
  위험한 일

- □ うまい 예 **うまい**やり方(かた)
  좋은 방법
- □ 上手(じょうず)(な) 예 彼(かれ)はピアノが**上手(じょうず)**だ。
  그는 피아노를 잘 친다.

- □ 大事(だいじ)(な) 예 **大事(だいじ)な**会議(かいぎ)
  중요한 회의
- □ 大切(たいせつ)(な) 예 **大切(たいせつ)な**思(おも)い出(で)
  소중한 추억

- □ 立派(りっぱ)(な) 예 **立派(りっぱ)な**建物(たてもの)
  훌륭한 건물
- □ すごい 예 **すごい**雨(あめ)
  굉장한 비
- □ すばらしい 예 **すばらしい**絵(え)
  멋진 그림

- □ 無理(むり)(な) 예 **無理(むり)な**お願(ねが)い
  무리한 부탁
- □ 大変(たいへん)(な) 예 **大変(たいへん)な**努力(どりょく)
  엄청난 노력

- □ 厳(きび)しい 예 **厳(きび)しい**先生(せんせい)
  엄격한 선생님
- □ 怖(こわ)い 예 **怖(こわ)い**映画(えいが)
  무서운 영화

- □ にぎやか(な)
  예 **にぎやかな**通(とお)り
  활기찬 거리
- □ うるさい 예 工事(こうじ)の音(おと)が**うるさい**。
  공사 소리가 시끄럽다.

- □ 安全(あんぜん)(な) 예 **安全(あんぜん)な**場所(ばしょ)
  안전한 장소
- □ 安心(あんしん)(な) 예 医者(いしゃ)がいるから**安心(あんしん)**だ。
  의사가 있으니 안심이 된다.

- □ 丁寧(ていねい)(な) 예 **丁寧(ていねい)な**説明(せつめい)
  자상한 설명
- □ きれい(な) 예 **きれいな**字(じ)
  깨끗한 글씨

- □ 悪(わる)い 예 天気(てんき)の**悪(わる)い**日(ひ)
  날씨가 안 좋은 날
- □ だめ(な) 예 **だめ**な親(おや)
  제구실을 못하는 부모
- □ ひどい 예 **ひどい**雨(あめ)
  심한 비

부사

☐ ほとんど ㊀ **ほとんど**知(し)っている
거의 알고있다

☐ だいたい ㊀ **だいたい**知(し)っている
대강 알고있다

☐ だいぶ ㊀ **だいぶ**熱(ねつ)が下(さ)がった。
열이 많이 내렸다.

☐ ずいぶん ㊀ **ずいぶん**早(はや)く着(つ)いた。
꽤 빨리 도착했다.

☐ 初(はじ)めて ㊀ **初(はじ)めて**経験(けいけん)しました。
처음으로 경험했어요.

☐ まず ㊀ **まず**あいさつをしましょう。
우선 인사를 합시다.

☐ 最初(さいしょ) ㊀ **最初(さいしょ)**に英語(えいご)のテストをします。
처음에 영어 테스트를 합니다.

☐ 先(さき)に ㊀ **先(さき)に**料金(りょうきん)を払(はら)う
먼저 요금을 내다

☐ 前(まえ)に ㊀ **前(まえ)に**来(き)た店(みせ)
전에 왔던 가게

☐ できるだけ ㊀ **できるだけ**早(はや)く来(き)てください。
될 수 있는 한 빨리 와 주세요.

☐ できれば ㊀ **できれば**早(はや)めに来(き)てください。
가능하면 조금 일찍 오세요.

자주 나오는 기본문형 64

□ **~がする** (냄새 등이) 나다

예 この部屋はいいにおい**がします**。

이 방은 좋은 냄새가 나요.

□ **~がる** ~하게 여기다, 싫어하다

예 妹は新しいかばんをほし**がって**います。

여동생은 새 가방을 갖고 싶어해요.

□ **~かどうか** ~인지 아닌지

예 彼女が来る**かどうか**、まだわかりません。

그녀가 올지 어떨지 아직 몰라요.

□ **~かもしれない** ~일지도 모른다

예 走れば、急行に間に合う**かもしれない**。

뛰어가면 급행을 탈 수 있을지도 몰라.

□ **~ことにする** ~하기로 하다

예 明日から毎日１時間走る**ことにしました**。

내일부터 매일 한시간 달리기로 했어요.

□ **~ことになる** ~하게 되다

예 来月、大阪に出張する**ことになりました**。

다음달에 오사카에 출장가게 되었어요.

□ **~し、…し** ~이고 …이고

예 彼は親切だ**し**、明るい**し**、みんなに人気があります。

그는 친절하고 밝아서 모두에게 인기가 있어요.

□ **~ずに** ~하지 않고

예 息子は朝ご飯を食べ**ずに**学校へ行きました。

아들은 아침밥을 먹지 않고 학교에 갔어요.

□ **~そう** [형용] ~일 것 같다

예 このケーキ、おいし**そう**。

이 케이크 맛있겠다.

□ **~そうだ** [전문] ~라고 한다

예 今朝、ここで事故があった**そうです**。

오늘 아침에 여기서 사고가 났다고 해요.

□ **~だす** ~하기 시작하다

예 赤ちゃんが急に泣き**だした**。

아기가 갑자기 울기 시작했다.

□ **~ため(に)** ~를 위해

예 旅行に行く**ために**、お金を貯めます。

여행을 가려고 돈을 모아요.

□ **~たらどうですか** ~하면 어떨습니까?

예 気分が悪そうですね。少し休ん**だらどうですか**。

안색이 안 좋아 보이네요. 좀 쉬는 게 어때요?

□ **~だろう** ~일 것이다

예 彼はきっと試験に合格する**だろう**。

그는 틀림없이 시험에 합격할 것이다.

□ **~つづける** 계속 ~하다

예 足が痛くても、彼は最後まで走り**つづけた**。

다리가 아파도 그는 끝까지 계속 달렸다.

□ **~て、…** [이유] ~해서

예 彼の話は難しく**て**、よくわかりませんでした。

그 사람 말은 어려워서 잘 이해가 안갔어요.

□ **〜って** 〜래 / 〜라는 것은

예 彼にそのことを言ったら、知らなかった**って**。／「すきやき」**って**どんな食べ物ですか。

그에게 그 이야기를 했는데, 몰랐었대. / '스키야키'는 어떤 음식이에요?

□ **〜で** [원인] 〜로

예 かぜ**で**学校を休みました。

감기로 학교를 쉬었습니다.

□ **〜ておく** 〜해 두다

예 お客さんが来るので、飲み物を冷やし**ておきます**。

손님이 오실테니까 음료수를 차갑게 해 두겠습니다.

□ **〜てくる** 〜해 오다

예 家に荷物を忘れたので、今から取っ**てきます**。

집에 짐을 두고 와 버려서 지금 가서 가져 올게요.

□ **〜てしまう** 〜해 버리다

예 駅でさいふを落とし**てしまいました**。

역에서 지갑을 잃어버렸어요.

□ **〜てばかり** 〜하기만 하다

예 彼は勉強しないで、毎日遊ん**でばかり**だ。

그는 공부는 안하고 매일 놀기만 한다.

□ **〜てほしい** 〜하길 바라다

예 みんなにこの本を読ん**でほしい**です。

모두가 이 책을 읽었으면 합니다.

□ **〜てはだめ** 〜해서는 안된다

예 ここで写真をとっ**てはだめ**です。

여기서 사진을 찍으면 안돼요.

□ **〜てみる** 〜해 보다

예 〈店で〉これ、着**てみて**もいいですか。

〈가게에서〉 이거 입어 봐도 돼요?

□ **〜ても** 〜해도

예 雨が降っ**ても**、試合は行われます。

비가 와도 시합은 합니다.

□ **〜てもかまわない** 〜해도 상관없다

예 〈テストで〉辞書を使っ**てもかまいません**。

〈테스트에서〉 사전을 사용해도 괜찮습니다.

□ **〜てやる** 〜해 주다

예 教え**てやって**もいいけど、誰にも言うなよ。

가르쳐줄테니 아무에게도 말하지 마.

□ **〜とおりに** 〜대로

예 子どものころは、いつも母の言う**とおりに**していました。

어릴 적에는 항상 어머니 말씀대로 했어요.

□ **〜とか…とか** 〜든지 …든지

예 むこうは寒いから、手袋**とか**マフラー**とか**持っていったほうがいいよ。

그쪽은 추우니까 장갑이나 머플러를 가져가는 게 좋아.

□ **〜(た)ところ** 막 〜한 때

예 たった今起き**たところ**です。

지금 막 일어났어요.

□ **〜なくてはいけません**

〜하지 않으면 안된다

예 図書館では静かにし**なくてはいけません**。

도서관에서는 조용히하지 않으면 안돼요.

□ **〜なくてもいい** 〜하지 않아도 된다

예 時間はあるので、急が**なくてもいい**です。

시간은 있으니까 서둘지 않아도 돼요.

□ **〜なら** 〜라면

예 おすしを食べる**なら**、駅前の「太郎ずし」がいい。

초밥을 먹을 거라면 역 앞에 있는 「다로즈시」가 좋아.

□ **～にくい** ～하기 어렵다

㉑ おはしが短くて、食べ**にくい**。

젓가락이 짧아서 먹기 어려워.

□ **～のために** ～를 위해(서)

㉑ 子ども**のために**、おいしい料理を作ります。

아이를 위해 맛있는 요리를 만들어요.

□ **～のに** ～인데

㉑ 練習した**のに**、面接でうまく話せなかった。

연습했는데 면접에서 제대로 말할 수 없었다.

□ **～ば** [조건] ～하면

㉑ 明日天気がよけれ**ば**、海へ行こうと思っています。

내일 날씨가 좋으면 바다에 가려고 해요.

□ **～ばかり** 막 ～하다

㉑ 起きた**ばかり**で、まだ服も着替えていません。

방금 일어나서 아직 옷도 안 갈아 입었어요.

□ **～はじめる** ～하기 시작하다

㉑ 息子は今月卒業して、来月から働き**始めます**。

아들은 이번 달에 졸업해 다음 달부터 일하기 시작합니다.

□ **～はずがない** ～일리가 없다

㉑ まじめな彼が、そんなことを言う**はずがない**。

착한 그가 그런 말을 할 리가 없다.

□ **～はずだ** [확신] ～일 것이다

㉑ 昨日連絡がありましたから、彼は来る**はずです**。

어제 연락이 있었으니까, 그는 틀림없이 올 거예요.

□ **～はずだ** [납득] ～한 것이 당연하다

㉑ エアコンが壊れていたんだね。暑い**はずだ**。

에어컨이 고장났었구나. 더운게 당연하다.

□ **～ばよかった** ～했으면 좋았다

㉑ もうちょっと早く家を出れ**ばよかった**。

좀 더 빨리 집을 나오면 좋았다.

□ **～ほど…ない** ～만큼 …않다

㉑ 私は姉**ほど**ピアノが上手では**ありません**。

저는 언니(누나) 만큼 피아노를 잘 못쳐요.

□ **～みたい** [예시] ～처럼

㉑ 私は彼**みたい**にうまく話せません。

저는 그 사람처럼 말을 잘 하지는 못해요.

□ **～みたい** [추량] ～같은

㉑ あの男の子、お母さんを探している**みたい**。

저 남자 아이는 엄마를 찾고 있는 것 같다.

□ **～やすい** ～하기 쉽다

㉑ この本はとても読み**やすい**。

이 책은 참 읽기 쉽다.

□ **～(よ)うとする** ～하려고 하다

㉑ 出かけ**ようとした**とき、電話がかかってきました。

외출하려고 할 때 전화가 걸려왔어요.

□ **～(よ)うと思う** ～하려고 하다

㉑ 今週末、東京に遊びに行こう**と思う**。

이번 주말에 도쿄에 놀러가려고 한다.

□ **～ようだ** [추량] ～인 것 같다

㉑ 昨日の夜、雨が降った**ようです**。道路がぬれています。

어제 밤에 비가 내린것 같습니다. 도로가 젖어있습니다.

□ **～ような** [예시] ～같은

㉑ 東京の**ような**都会にも、たくさんの自然が残っています。

도쿄같은 도시에도 자연이 많이 남아 있어요.

□ **～ようだ** [예시] ～인 것 같다

예 3月なのに、今日は冬の**ようです**ね。
3월인데도 오늘은 겨울 같아요.

□ **～ように** [목적] ～하도록

예 よく聞こえる**ように**、大きな声で話してください。
잘 들리도록 큰 소리로 말해 주세요.

□ **～ようにしている** ～하도록 하고 있다

예 毎日、野菜をたくさん食べる**ようにしています**。
매일 야채를 많이 먹도록 하고 있어요.

□ **～ようにする** ～하도록 하다

예 これからは遅れない**ようにします**。
이제부터는 늦지않도록 하겠습니다.

□ **～ようになる** ～하게 되다

예 最近、少し日本語の新聞が読める**ようになりました**。
요즘, 일본어 신문을 조금 읽을 수 있게 되었어요.

□ **～より…ほうが** ～보다 …쪽이

예 京都**より**東京の**ほうが**人が多いです。
교토보다 도쿄쪽이 사람이 많아요.

□ **～らしい** [추량] ～같다

예 リサさんはもうすぐ国に帰る**らしい**。
리사 씨는 이제 곧 자기 나라로 돌아가는 것 같아.

□ **～らしい** [전형적] ～스러운, ～다운

예 彼女もたまに、女性**らしい**服を着ることがある。
그녀도 가끔 여성스러운 옷을 입을 때가 있다.

□ **의문사+か** ～(일) 지

예 どこに泊まる**か**、まだ決めていない。
어디에 묵을 지 아직 안 정했다.

□ **의문사+でも** ～라도

예 困ったときは、いつ**でも**聞いてください。
곤란할 때는 언제든지 물어 보세요.

□ **사역형** ～하게 하다, 시키다

예 子どもの熱が下がらないので、薬を**飲ませました**。
아이 열이 안 내려서 약을 먹였어요.

□ **사역+수동** 어쩔 수 없이 ～하다

예 友達に2時間も**待たされました**。
친구를 2시간이나 기다렸어요.

독해 문제에 나오는 키워드

- □ 安心(する)(あんしん) 안심
  - 예 子どもの声を聞いて、安心した。
- □ 安全(な)(あんぜん) 안전
  - 예 安全な場所に移る
- □ 会話(かいわ) 대화
  - 예 日本語で会話する
- □ 科学(かがく) 과학
  - 예 科学者、科学的な方法
- □ ～学部(がくぶ) ～ 학부
  - 예 文学部、経済学部
- □ 変わる(か) 바뀌다
  - 예 住所が変わった。
- □ 関係(かんけい) 관계
  - 예 外国との関係、関係のない話
- □ 機会(きかい) 기회
  - 예 ～を経験する機会、いい機会
- □ 危険(な)(きけん) 위험함
  - 예 危険な仕事
- □ 技術(ぎじゅつ) 기술
  - 예 技術を学ぶ、高い技術
- □ 規則(きそく) 규칙
  - 예 学校の規則、規則を守る
- □ 急に(きゅう) 갑자기
  - 예 急に痛くなる、急に電話をする
- □ 教育(きょういく) 교육
  - 예 子どもの教育、外国語教育
- □ 興味(きょうみ) 관심
  - 예 日本の文化に興味がある
- □ 空気(くうき) 공기
  - 예 乾いた空気、汚れた空気
- □ 比べる(くら) 비교하다
  - 예 二つの本を比べる
- □ 経験(する)(けいけん) 경험
  - 예 外国での生活を経験する
- □ 県(けん) 현(일본의 행정구역)
  - 예 県の大会、広島県
- □ 原因(げんいん) 원인
  - 예 事故の原因
- □ 見物(する)(けんぶつ) 구경
  - 예 お祭りを見物する
- □ 講義(こうぎ) 강의
  - 예 大学の講義、講義に出る
- □ 工場(こうじょう) 공장
  - 예 ビール工場、工場で働く
- □ 交通(こうつう) 교통
  - 예 交通の便がいい(=電車やバスなどが十分あり、便利だ。)
- □ 壊す(こわ) 부수다, 망가트리다
  - 예 落として、カメラを壊してしまった。
- □ 壊れる(こわ) 부서지다, 망가지다
  - 예 10年使ったパソコンが、とうとう壊れた。
- □ 材料(ざいりょう) 재료
  - 예 このおもちゃの材料は木と紙だけです。
- □ 差し上げる(さしあ) 「あげる」의 존경어, 드리다
  - 예 明日、お返事を差し上げます。

□ 仕方(しかた) 방법
예) 化粧の仕方は姉が教えてくれた。

□ 叱る(しか) 혼내다
예) 子どものころ、よく先生に叱られました。

□ 事務所(じむしょ) 사무소
예) 学校の事務所、事務所で尋ねる

□ 社会(しゃかい) 사회
예) 日本の社会、社会の役に立つこと

□ 自由(な)(じゆう) 자유
예) 自由なやり方、何を話すかは自由です。

□ 習慣(しゅうかん) 습관
예) 日本の習慣、寝る前に本を読む習慣

□ 趣味(しゅみ) 취미
예) 趣味は山登りです。

□ 商品(しょうひん) 상품
예) 新商品、商品を売る

□ 将来(しょうらい) 장래
예) 将来の夢

□ 調べる(しら) 조사하다, 찾다
예) 値段を調べる、原因を調べる

□ 人口(じんこう) 인구
예) 人口が増える

□ 神社(じんじゃ) 신사

□ 生活(する)(せいかつ) 생활
예) 都会の生活／生活が厳しい。

□ 生産(する)(せいさん) 생산
예) 自動車の生産、米の生産

□ 世界(せかい) 세계
예) 世界のニュース、世界で一番好きな場所

□ 専門(せんもん) 전문
예) 私は経済が専門です。／～を専門に研究する

□ 育てる(そだ) 키우다
예) 子どもを育てる、リンゴを育てる

□ 退院(する)(たいいん) 퇴원

□ 台風(たいふう) 태풍

□ 訪ねる(たず) 방문하다
예) 先生の家を訪ねる

□ 例えば(たと) 예를 들면
예) 例えば、京都に行くのはどう？

□ 楽しみ(たの) 즐거움
예) 旅行が楽しみです。

□ 楽しむ(たの) 즐기다
예) スポーツを楽しむ、会話を楽しむ

□ 力(ちから) 힘
예) 腕の力、科学の力、力を入れる

□ 疲れる(つか) 피곤하다
예) 仕事で疲れる

□ 続く(つづ) 계속되다
예) 暑い日が続く

□ 続ける(つづ) 계속하다
예) 練習を続ける

□ 展覧会(てんらんかい) 전람회
예) ピカソの展覧会

□ 特急(とっきゅう) 특급
예) 特急で行く、特急の切符を買う

□ 匂い(にお) 냄새
예) 石けんの匂い

□ 値段(ねだん) 가격
예) 値段が上がる、野菜の値段

□ 場合(ばあい) 경우
예) 雨の場合、一人で行く場合

☑ 시험에 나오는 중요 어구・문형 리스트

☐ 光る(ひか) 빛나다
예 遠く(とお)で何(なに)かが光(ひか)っている

☐ 普通(ふつう)の 보통의
예 普通(ふつう)の席(せき)、普通(ふつう)のコース

☐ 文学(ぶんがく) 문학
예 日本(にほん)の文学(ぶんがく)を研究(けんきゅう)する

☐ 貿易(ぼうえき) 무역
예 外国(がいこく)との貿易(ぼうえき)、貿易(ぼうえき)の会社(かいしゃ)

☐ 放送(ほうそう)(する) 방송
예 テレビの放送局(ほうそうきょく)
(=放送(ほうそう)する所(ところ))

☐ 予定(よてい)(する) 예정
예 来月(らいげつ)の予定(よてい)、
予定(よてい)を知(し)らせる

☐ 寄(よ)る 들르다
예 途中(とちゅう)でコンビニに寄(よ)る

☐ 冷房(れいぼう) 냉방
예 冷房(れいぼう)が強(つよ)すぎて、寒(さむ)い。

☐ 連絡(れんらく)(する) 연락
예 会社(かいしゃ)に連絡(れんらく)する、忘(わす)れずに
連絡(れんらく)する

☐ 結果(けっか) 결과
예 テストの結果(けっか)、
結果(けっか)を報告(ほうこく)する

☐ 家庭(かてい) 가정
예 温(あたた)かい家庭(かてい)、
教育(きょういく)の厳(きび)しい家庭(かてい)

☐ イベント 이벤트
예 イベントの計画(けいかく)、
イベントを行(おこな)う

☐ 寮(りょう) 기숙사
예 学生寮(がくせいりょう)、寮(りょう)で生活(せいかつ)する

☐ 役(やく)に立(た)つ 도움이 되다
예 社会(しゃかい)の役(やく)に立(た)つ仕事(しごと)

☐ 約(やく)~ 약 ~
예 約(やく)3時間(じかん)で東京(とうきょう)に着(つ)く

청해문제에 나오는 키워드

□ 伺う(うかが)
「聞く、質問する」의 겸양어
예 すみません、ちょっと伺ってもよろしいでしょうか。

□ 売り場(うば)
매장
예 おもちゃ売り場

□ 運動(する)(うんどう)
운동
예 健康のために何か運動をしたほうがいい。

□ 遠慮(する)(えんりょ)
사양
예 遠慮しないで、たくさん食べてください。

□ 贈り物(おくもの)
선물

□ 夫(おっと)
남편
예 夫は今、留守です。

□ 終わり(お)
끝
예 授業の終わりにテストを返してもらった。

□ 会議室(かいぎしつ)
회의실

□ 帰り(かえ)
돌아옴, 돌아감
예 帰りの電車、帰りにスーパーに寄る

□ かしこまりました
알겠습니다
※ 점원이 손님에게 쓰는 경우가 많음.

□ (使い)方(つかかた)
(사용)법
예 作り方、予約の仕方

□ 片づける(かた)
정리하다
예 食器を片づける、部屋を片づける

□ 格好(かっこう)
모습, 모양
예 明日、どんな格好で行く?／きちんとした格好

□ 家内(かない)
집사람, 아내
예 家内は今、出かけています。

□ 通う(かよ)
다니다
예 日本語学校に通う、電車で通う

□ 代わりに(か)
대신(에)
예 私の代わりに彼が行きます。／牛乳の代わりにヨーグルトを使った。

□ 厳しい(きび)
엄격하다
예 厳しい先生、厳しい寒さ

□ 気分(きぶん)
기분
예 車に長く乗ると、気分が悪くなります。

□ 景色(けしき)
경치
예 窓からの景色、美しい景色

□ 欠席(する)(けっせき)
결석
예 授業を欠席する

□ 国際(こくさい)
국제
예 国際会議、国際的なイベント

□ 故障(する)(こしょう)
고장
예 機械の故障／故障したかもしれない。

□ 最近(さいきん)
최근
예 最近のニュース／最近、ジョギングを始めました。

□ 最後(さいご) 마지막
㉠ 最後(さいご)にデザートが出(で)ます。／最後(さいご)の授業(じゅぎょう)

□ 最初(さいしょ) 처음
㉠ 最初(さいしょ)に名前(なまえ)を書(か)いてください。／最初(さいしょ)の授業(じゅぎょう)

□ さっき 아까
㉠ さっき、荷物(にもつ)が届(とど)きました。

□ 支度(したく)(する) 준비, 채비
㉠ 出(で)かける支度(したく)／支度(したく)ができました。

□ 失敗(しっぱい)(する) 실패
㉠ 計画(けいかく)は失敗(しっぱい)しました。

□ しばらく 잠시
㉠ しばらくお待(ま)ちください。／彼(かれ)とはしばらく会(あ)っていません。

□ 主人(しゅじん) 남편, 주인
㉠ 主人(しゅじん)は今(いま)、出(で)かけています。／ご主人(しゅじん)はお元気(げんき)ですか。

□ 出席(しゅっせき)(する) 참석
㉠ 結婚式(けっこんしき)に出席(しゅっせき)する

□ 準備(じゅんび)(する) 준비
㉠ パーティーの準備(じゅんび)

□ 紹介(しょうかい)(する) 소개
㉠ 友達(ともだち)を紹介(しょうかい)する

□ 招待(しょうたい)(する) 초대
㉠ パーティーに招待(しょうたい)する、家(いえ)に招待(しょうたい)する

□ 心配(しんぱい)(する) 걱정
㉠ 娘(むすめ)と連絡(れんらく)がとれないので心配(しんぱい)です。

□ 水泳(すいえい) 수영
㉠ 水泳教室(すいえいきょうしつ)、水泳(すいえい)が得意(とくい)です。

□ おなかがすく 배가 고프다

□ すぐに 즉시
㉠ すぐに返事(へんじ)をください。／すぐにわかった。

□ ずっと 계속
㉠ 朝(あさ)からずっと雨(あめ)が降(ふ)っています。

□ 隅(すみ) 모서리
㉠ 部屋(へや)の隅(すみ)に置(お)く

□ 世話(せわ) 폐, 신세, 보살핌
㉠ お世話(せわ)になりました。／犬(いぬ)の世話(せわ)は、家族(かぞく)みんなでやります。

□ 先輩(せんぱい) 선배
㉠ 学校(がっこう)の先輩(せんぱい)、会社(かいしゃ)の先輩(せんぱい)

□ 後輩(こうはい) 후배
㉠ サークルの後輩(こうはい)、会社(かいしゃ)の後輩(こうはい)

□ 相談(そうだん)(する) 상담
㉠ 先生(せんせい)に相談(そうだん)する

□ そろそろ 슬슬
㉠ そろそろ帰(かえ)ります。／そろそろ試合(しあい)が始(はじ)まる。

□ そんなに～ない 그렇게 ~ 하지 않다
㉠ 試験(しけん)は、そんなに難(むずか)しくなかった。

□ 大事(だいじ)(な) 소중함, 중요함
㉠ 大事(だいじ)な会議(かいぎ)、大事(だいじ)な約束(やくそく)

□ チェック(する) 체크
㉠ 予定(よてい)をチェックする、間違(まちが)いがないかチェックする

□ 伝(つた)える 전하다
㉠ 考(かんが)えを伝(つた)える、結果(けっか)を伝(つた)える

□ 丁寧(ていねい)(な) 정중함
㉠ 丁寧(ていねい)な説明(せつめい)、丁寧(ていねい)に断(ことわ)る

□ 適当(てきとう)(な) 적당함
㉠ 適当(てきとう)な言葉(ことば)を選(えら)ぶ／適当(てきとう)な店(みせ)が見(み)つからない。

□ 通(とお)り 거리
㉠ にぎやかな通(とお)り、大通(おおどお)り

□ 特に（とく） 특히
㉮ 特に大切なもの／特にほしいものはありません。

□ 治す（なお） 치료하다
㉮ 病気を治す

□ なくなる 없어지다
㉮ もうすぐバターがなくなる。

□ 慣れる（な） 익숙해지다
㉮ 新しい会社に慣れる、日本の食べ物に慣れる

□ 熱（ねつ） 열
㉮ 熱が出る、熱が下がる、熱の力

□ 寝坊(する)（ねぼう） 늦잠
㉮ 寝坊して電車に遅れてしまった。／朝寝坊

□ 眠い（ねむ） 졸리다
㉮ だんだん眠くなってきた。

□ 眠る（ねむ） 잠들다
㉮ 昨日はよく眠れましたか。

□ 残る（のこ） 남다
㉮ 残った料理／まだ仕事が残っています。

□ 反対（はんたい） 반대
㉮ 駅の反対側、反対の方向

□ 複雑(な)（ふくざつ） 복잡
㉮ 複雑なやり方、複雑な話

□ 別の（べつ） 다른
㉮ 別の方法／別の店にしましょう。

□ 変(な)（へん） 이상함
㉮ 変な髪型／変な音がする。

□ 息子（むすこ） 아들
㉮ 息子は今、東京の大学に行っています。

□ 娘（むすめ） 딸
㉮ 休みの日に、よく娘と買い物に行きます。

□ 汚れる（よご） 더러워지다
㉮ くつが汚れてしまった。／汚れた手でさわらないで。

□ 予約(する)（よやく） 예약
㉮ ホテルを予約する

초판발행	2018년 5월 25일
1판 2쇄	2019년 6월 10일
저자	渡邉亜子・大場理恵子・清水知子・高橋尚子・青木幸子
책임 편집	신명숙, 서대종, 조은형, 무라야마 토시오, 김지은
펴낸이	엄태상
디자인	권진희
조판	이서영
마케팅	이승욱, 오원택, 전한나, 왕성석
온라인 마케팅	김마선, 김제이, 유근혜
경영기획	마정인, 조성근, 박현숙, 김예원, 전태준, 오희연
물류	유종선, 정종진, 최진희, 윤덕현
펴낸곳	시사일본어사(시사북스)
주소	서울시 종로구 자하문로 300 시사빌딩
주문 및 교재 문의	1588-1582
팩스	(02)3671-0500
홈페이지	www.sisabooks.com
이메일	book_japanese@sisadream.com
등록일자	1977년 12월 24일
등록번호	제300 - 1977 - 31호

ISBN 978-89-402-9239-6 18730
978-89-402-9235-8 18730 (set)

Jリサーチ出版
日本語能力試験完全模試N4

시즌1

모의고사 3회분

문제

공저
渡邉亜子
大場理恵子
清水知子
高橋尚子
青木幸子

N4

★ 뒤에 해답용지가 있습니다.

모의고사 제1회

N4

언어지식
(문자·어휘)

3分（1問20秒）

もんだい1　＿＿＿のことばは　ひらがなで　どう　かきますか。1・2・3・4から　いちばん　いい　ものを　ひとつ　えらんで　ください。

(例)　こうこうせいの　ころは　小説家に　なりたかった。

1　しょうどく　　2　しょうぜい　　3　しょうせつ　　4　しょうわ

（かいとうようし）

(例)	① ② ● ④

1　受付の　人に　ぼうしの　うりばを　聞きました。

1　うけつけ　　2　うけつく　　3　うきつき　　4　うくつけ

2　ともだちに　謝りました。

1　さわり　　2　やり　　3　かり　　4　あやまり

3　きょうは　がっこうを　やすむという　連絡を　しました。

1　ねんらく　　2　れんなく　　3　れんらく　　4　ねんなく

4　泥棒に　おかねを　とられました。

1　どるぼう　　2　とるぼう　　3　どろぼ　　4　どろぼう

5　いもうとは　とうきょうの　だいがくに　入学できました。

1　にゅうがく　　2　にゅうかく　　3　にゅがく　　4　にゅかく

6　この　でんしゃは　急行です。

1　きゅこう　　2　きゅうこう　　3　きゅっこう　　4　きゅっこ

7　スーパーの　駐車場に　くるまを　とめました。

1　つうしゃぞう　　2　ちゅうしゃぞう　　3　ちゅうさじょ　　4　ちゅうしゃじょう

8　がっこうへ　いく　途中で　せんせいに　あいました。

1　とうちゅ　　2　となか　　3　とちゅう　　4　よなか

9　どうぞ　遠慮しないで　めしあがって　ください。

1　えんりょ　　2　えんりょう　　3　えりょん　　4　えんりん

3分（1問30秒）

もんだい2 ＿＿＿のことばは　どう　かきますか。1・2・3・4から　いちばん　いい　ものを　ひとつ　えらんで　ください。

（例）としょかんに　ほんを　かえしました。

1 近しました　2 送しました　3 逆しました　4 返しました

（かいとうようし）　（例）①②③●

10 りょうりを　つくります。

1 使ります　2 作ります　3 借ります　4 体ります

11 じぶんの　いけんを　はっきり　いって　ください。

1 位見　2 意見　3 位験　4 意験

12 ジュースを　かって　のみます。

1 館みます　2 飯みます　3 食みます　4 飲みます

13 あいて　いる　せきに　すわりました。

1 空いて　2 明いて　3 開いて　4 究いて

14 みせの　まえに　おおきな　とおりが　あります。

1 道り　2 通り　3 送り　4 週り

15 とけいが　とまって　います。

1 住まって　2 主まって　3 正まって　4 止まって

5分(1問30秒)

もんだい3 （　　　）に　なにを　いれますか。1・2・3・4から　いちばん　いい　ものを　ひとつ　えらんで　ください。

（例）ちかくの　（　　　）で　パンと　ぎゅうにゅうを　かいました。

1　レストラン　　2　コンビニ　　3　ぎんこう　　4　やおや

（かいとうようし）

（例）	①　●　③　④

16　まどに　（　　　）を　かけていないので、　へやの　なかが　あつい。

1　ガラス　　2　カーテン　　3　かべ　　4　ボタン

17　むずかしい　もんだいですから、よく　（　　　）　ください。

1　おもって　　2　かんで　　3　こたえて　　4　かんがえて

18　ドアを　（　　　）　しめて　ください。

1　なかなか　　2　ちっとも　　3　さっき　　4　しっかり

19　くるまが　（　　　）しているので、でんしゃで　いく。

1　しっぱい　　2　したく　　3　こしょう　　4　ちゅうい

20　こどもを　（　　　）デパートへ　いきました。

1　つれて　　2　なれて　　3　いれて　　4　はれて

21　きょねんは　よく　テニスを　しましたが、（　　　）は　して　いません。

1　さいご　　2　さいしょ　　3　さいきん　　4　あした

22　かれとは　（　　　）　あって　いません。

1　ずっと　　2　たまに　　3　ひじょうに　　4　とても

23　この　えいごを　にほんごに　（　　　）　ください。

1　ほうそうして　　2　よういして　　3　ゆしゅつして　　4　ほんやくして

24　10ねん　つかって　いましたが、（　　　）　こわれて　しまいました。

1　とくに　　2　そろそろ　　3　とうとう　　4　たまに

5分（1問1分）

もんだい4 ＿＿＿の ぶんと だいたい おなじ いみの ぶんが あります。1・2・3・4から いちばん いい ものを ひとつ えらんで ください。

（例） ワンさんに しんぶんの コピーを たのみました。

1 ワンさんに しんぶんの コピーを みせました。

2 ワンさんに しんぶんの コピーを おねがいしました。

3 ワンさんに しんぶんの コピーを あげました。

4 でんしゃの しんぶんの コピーを もらいました。

（かいとうようし） 

25 ここで しばらく おまち ください。

1 ここで しずかに まっていて ください。

2 ここで すこし まっていて ください。

3 ここで ながい じかん すわっていて ください。

4 ここで すこし すわっていて ください。

26 だんだん ひが くれて きました。

1 だんだん あたたかく なって きました。

2 だんだん さむく なって きました。

3 だんだん くらく なって きました。

4 だんだん あかるく なって きました。

27 おくれても かまいません。

1 おくれるなら こなくても いいです。

2 おくれても かならず きて ください。

3 おくれないように して ください。

4 おくれても いいです。

28 この　いすは　じゃまです。

1 この　いすは　いりません。

2 この　いすは　ちいさいです。

3 この　いすは　たいせつです。

4 この　いすは　ひつようです。

29 くるまが　きゅうに　うごいて　びっくりしました。

1 くるまが　きゅうに　はしって　おどろきました。

2 くるまが　きゅうに　とまって　あんしんしました。

3 くるまが　きゅうに　はしって　しんぱいしました。

4 くるまが　きゅうに　とまって　ちゅういしました。

10分（1問2分）

もんだい5　つぎの ことばの　つかいかたで　いちばん　いい　ものを　1・2・3・4から　ひとつ　えらんで　ください。

（例）おく

1 ごみは　ごみばこに　おいて　ください。

2 いそいで　メールを　おいて　ください。

3 にもつは　つくえの　うえに　おいて　ください。

4 なくさないよう　かぎは　かばんに　おいて　ください。

（かいとうようし）

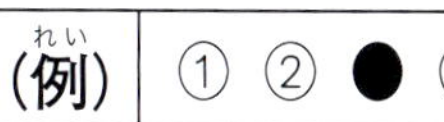

（例）	① ② ● ④

30 しあい

1 かれは　ピアノの　しあいで　一位に　なりました。

2 あしたの　かんじの　しあいの　ために、べんきょうします。

3 じゅうどうの　しあいを　みに　いきます。

4 びじゅつかんで　えの　しあいを　しています。

31 じゅうぶん

1 かぜを　ひいて　ねつが　じゅうぶん　あります。

2 しんじゅくには　たかい　たてものが　じゅうぶん　あります。

3 しゅくだいが　じゅうぶん　あって　たいへんです。

4 れいぞうこの　なかには　たべものが　じゅうぶん　あります。

32 きびしい

1 この　ちゅうしゃは　たいへん　きびしいです。

2 ひとりで　へやに　いると　きびしいです。

3 いぬが　しんで　きびしいです。

4 えいごの　せんせいは　とても　きびしいです。

33 すべる

1 じかんが　ないので　しごとを　<u>すべりました</u>。

2 ビルの　おくじょうから　ボールが　<u>すべりました</u>。

3 かいだんを　いちだんずつ　<u>すべりました</u>。

4 きょねんも　この　スキーじょうで　<u>すべりました</u>。

34 けんぶつする

1 きのう　ともだちと　えいがを　<u>けんぶつしました</u>。

2 ともだちと　きょうとを　<u>けんぶつしました</u>。

3 めがねを　かけて　ちいさい　じを　<u>けんぶつしました</u>。

4 かりて　きた　ほんを　<u>けんぶつしました</u>。

모의고사 제1회

N4

언어지식
(문법)

독해

8分（1問30秒）

もんだい１ （　　）に 何を 入れますか。１・２・３・４から いちばん いい ものを 一つ えらんで ください。

（例） わたしは 毎朝 牛乳（　　）飲みます。

1 が　　2 の　　3 を　　4 で

（解答用紙）

（例）	① ② ● ④

1 彼は 駅の 前（　　）友だちを 30分も 待っていた。

1 に　　2 で　　3 を　　4 は

2 おなかが いっぱいで、ごはんを 半分（　　）食べられなかった。

1 しか　　2 でも　　3 だけ　　4 にも

3 A「田中さんの ぼうしは どれ（　　）、わかりますか。」
B「ええ。これですよ」

1 も　　2 に　　3 が　　4 か

4 道（　　）わたる 時は、車に 気を つけましょう。

1 が　　2 で　　3 を　　4 に

5 A「早く 会社に もどらないと 会議が 始まりますよ。」
B「はい。２時半まで（　　）もどります。」

1 には　　2 では　　3 にも　　4 でも

6 A「すみません。駅まで、（　　）行けば いいでしょうか。」
B「ここから 11番の バスに 乗って、３つ目の バス停で おりてください。」

1 どうして　　2 どのくらい　　3 どういう　　4 どうやって

7 A「田中さんは、もう　帰って　しまいましたか。」

B「いいえ、机の　上に　カバンが　おいて　ある（　　　）、まだ　帰って　いないと　思いますよ。」

1　もの　　2　こと　　3　なら　　4　から

8 A「あれ、何か　いい　におい（　　　）ね。」

B「そうですね。あ、あそこに　カレー屋さんが　ありますよ。」

1　になります　　2　がします　　3　がなります　　4　をします

9 A「合格　おめでとうございます。」

B「ありがとうございます。3回目の　試験で（　　　）合格する　ことが　できました。」

1　やっと　　2　ずっと　　3　きっと　　4　もっと

10 2歳の　むすこは、最近　ことばが　話せる（　　　）。

1　ことに　なりました　　2　ように　なりました

3　ことに　しました　　4　ように　しました

11 わたしは　先月　日本へ　来た（　　　）なので、まだ　日本人の　友だちが　あまり　いません。

1　から　　2　とき　　3　ばかり　　4　こと

12 田中「ワンさんは　日本料理を　作る　ことが　できるんですか。」

ワン「ちょっと　だけ　です。日本語の　先生の　奥様に（　　　）んです。」

1　教えて　くださった　　2　教えて　いただいた

3　教えたい　　4　教えさせた

13 A「この　料理は　温かい　ほうが　おいしいですよ。（　　　）うちに　食べて　ください。」

B「ありがとうございます。いただきます。」

1　冷める　　2　冷めた　　3　冷めない　　4　冷めて　いる

14 あの　アパートは　部屋(へや)も　せまい　（　　　）、家賃(やちん)も　高い　（　　　）、人気(にんき)が　ない。

1　し　　　2　とか　　　3　たり　　　4　か

15 A「どうしたんですか。あまり　食べて　いませんね。調子(ちょうし)が　悪(わる)いんですか。」
B「いえ、今日は　昼(ひる)ごはんを　（　　　）　すぎて　しまったんです。」

1　食べ　　　2　食べる　　　3　食べた　　　4　食べて

5分（1問50秒）

もんだい2　＿★＿に　入る　ものは　どれですか。1・2・3・4から　いちばん　いい　ものを　一つ　えらんで　ください。

（問題例）

かばん　＿＿＿　＿＿＿　＿★＿　＿＿＿　があります。

1　さいふ　　2　の　　3　中　　4　に

（答え方）

1. 正しい　文を　作ります。

> かばん　＿＿＿　＿＿＿　＿★＿　＿＿＿　があります。
> 2　の　3　中　4　に　1　さいふ

2. ＿★＿に　入る　番号を　黒く　塗ります。

（解答用紙）　（例）　①　②　③　●

16　しゅくだいが　＿＿＿　＿＿＿　＿★＿　＿＿＿　いる。

1　散歩しよう　　2　終わったら

3　公園を　　4　と思って

17　リサさんは　仕事が　＿＿＿　＿＿＿　＿★＿　＿＿＿　勉強を　続けて　いる。

1　一日も　　2　日本語の

3　休まずに　　4　いそがしくても

18 今年(ことし)の ＿＿＿ ＿＿＿ ＿★＿ ＿＿＿。

1 去年(きょねん)　　2 冬(ふゆ)は

3 寒(さむ)くない　　4 ほど

19 次(つぎ)の 会議(かいぎ) ＿＿＿ ＿＿＿ ＿★＿ ＿＿＿ そうだ。

1 ２週間後(しゅうかんご)　　2 は

3 開(ひら)かれる　　4 に

20 A「今日は 午後から 雨が ふるそうですよ。」

B「えっ。そうなんですか。朝(あさ)は 晴(は)れて いたので、＿＿＿ ＿＿＿ ＿★＿ ＿＿＿。」

1 かさを　　2 来て

3 しまいました　　4 持(も)たないで

6分（1問70秒）

もんだい３　21 から 25 に　何を　入れますか。　文章の　意味を　考えて、１・２・３・４から　いちばん　いい　ものを　一つ　えらんで　ください。

下の文章は留学生が書いた手紙です。

日本のお父さん、お母さん

　お元気ですか。アメリカに　帰って　もう　１週間が　たちました。ホームステイの　時の　写真を　21 、日本の　お父さんと　お母さんの　ことを　思い出します。２週間の　ホームステイは、とても　楽しかったです。わたしは　ホームステイを　するまで、日本料理を　22 。はじめて　食べた　日本料理は、とても　おいしかったです。その　中でも、特に　お母さんが　23 「すきやき」の　味は　忘れられません。

　この間、日本で　買った　材料を　使って、アメリカ　24 　すきやきを　作って　みました。 25 、あまり　上手に　できませんでした。もう少し　練習しよう　と　思って　います。

　もし　時間が　あったら、ぜひ　わたしの　家にも　来て　くださいね。今度は　わたしの　国の　料理を　紹介します。

　それでは、また。お元気で。

ベロニカ

21

1 みないと　　2 みると
3 みるなら　　4 みないなら

22

1 食べます
2 食べました
3 食べた　ことが　ありました
4 食べた　ことが　ありませんでした

23

1 作(つく)らされた　　2 作(つく)って　あげた
3 作(つく)って　くれた　　4 作(つく)って　いただいた

24

1 でも　　2 へも　　3 にも　　4 からも

25

1 それに　　2 だから　　3 でも　　4 それで

12分（1大問3分）

もんだい4　つぎの(1)から(4)の文章（ぶんしょう）を読んで、質問に答えてください。こたえは、1・2・3・4からいちばんいいものを一つえらんでください。

(1)

日本人はお風呂（ふろ）が大好き（だいす）きで、毎日お湯（ゆ）に入る習慣（しゅうかん）を持っている人も多いようです。そこで問題になるのが、かぜをひいたときに、お風呂（ふろ）に入るのかどうかということです。もちろん高い熱（ねつ）があるときには体が弱（よわ）くなっているので、お風呂（ふろ）はやめたほうがいいですが、熱（ねつ）がだいぶ下がったときはどうしたらいいでしょうか。昔（むかし）は、少しでも熱（ねつ）があったら、入らないほうがよいという人が多かったようですが、私は、お風呂（ふろ）に入ったほうが気分もよくなってよいと考えています。

26 かぜをひいているときにお風呂（ふろ）に入ることについて、この人は何と言っていますか。

1　昔（むかし）から言われているように、かぜをひいたら、お風呂（ふろ）には入らないほうがいい。
2　高い熱（ねつ）があってもお風呂（ふろ）に入りたかったら、入ったほうがよい。
3　高い熱（ねつ）でなければ、少し熱（ねつ）があっても、お風呂（ふろ）に入ったほうがいい。
4　熱（ねつ）が少しあったら、熱（ねつ）が下がるまでお風呂（ふろ）に入らないほうがいい。

(2)

最近、動物園では、お客さんに動物が動いているところを見せるために、新しい見せ方が考えられています。たとえば、A動物園では、動物たちは自由に泳いだり、動いたり、飛んだりできるようになっていて、私たちはそれを近くで見ることができます。また、昼は寝て、夜起きて動く動物を見せるために、特別な日を決めて、夜にお客さんが入れるようにした動物園もあります。このように動物園はいろいろ変わってきています。

27 このように動物園はいろいろ変わってきているのはなぜですか。

1 動物園に、いつでも入ることができるようになったから。

2 動物たちが、動物園に来た人を近くで見ることに慣れたから。

3 動物たちが、自由に泳いだり動いたりしたがったから。

4 動物園で働く人たちが、動いている動物を見せたいと考えるようになったから。

(3)

私は小学校に入ったとき、教室でしずかに先生の話を聞くことができませんでした。友だちのほとんどは、小学校に入る前に幼稚園にかよって、しずかに話を聞くことに慣れていました。しかし、私はちがいました。4歳のとき、幼稚園へ一回行ってみたら、みんなが同じ歌を歌ったり、同じ音楽を聞いておどったりしていました。私はみんなで同じことをするのに興味がなかったので、幼稚園には行かないと自分で決めたのです。

28 この人は、どうして幼稚園に行かなかったのですか。

1 しずかに話を聞くことができなかったから

2 友だちが幼稚園に行かなかったから

3 音楽やダンスがきらいだったから

4 みんなで同じことをするのに興味がなかったから

(4)

〈さくらガーデンに住むみなさんへ〉

電気の安全チェックのご連絡

明日、電気の安全チェックをします。朝 10 時半から 12 時まで、電気の止まる場所があります。エレベーターは動きません。マンションの 1 階入口のドアにも電気が来ませんから、開けたり閉めたりできません。チェックのあいだ、ドアは開けておきます。

部屋の電気は止まりませんから、テレビやパソコンは使うことができます。部屋の電気は、別の日にチェックする予定です。

29 さくらガーデンでは、明日の朝 10 時半から 12 時まで何ができませんか。

1 エレベーターに乗ること

2 テレビやパソコンを使うこと

3 マンションに出たり入ったりすること

4 部屋のドアを開けたり閉めたりすること

16分

もんだい5　つぎの文章を読んで、質問に答えてください。答えは、1・2・3・4から、いちばんいいものを一つえらんでください。

私ははじめて日本の正月を経験した。

12月31日は、まず、朝9時に中山さんと近くのスーパーに行った。何も買わなかったが、スーパーでおおぜいの人がいつもよりたくさんの食料品を買っているのを見た。正月に食べる特別な料理を作るためだそうだ。その特別な料理を12月31日までに作って、1月1日から3日までずっと食べる習慣があるそうだ。でも、今では1月1日からレストランで食事をする人もいると中山さんが言っていた。

1月1日は、先輩と友達と神社へ出かけた。びっくりしたのは、神社に行こうとする人がたくさんいて、ずっと並んでいたことだ。神社の外で並んでいたら、さいふが見つからなくなってしまった。毎年、神社の前で待っているときにさいふを盗まれる人もいると聞いたので、盗まれてしまったのかと思ったが、よくさがしたら、かばんの中にあった。やっと神社に入れて、「よい年になるように」と祈った。神社では先輩がおみくじをひいた。おみくじをひくというのは、その年がよい年になるかどうかが書いてある紙をもらうことだ。先輩のおみくじにはよいことが書いてあったそうだ。そして、夕方、家に帰ってきた。

30　この人は12月31日に何をしましたか。

1　中山さんとスーパーで食べ物を買った。

2　スーパーでほかの人が買い物をしているのを見た。

3　中山さんとレストランで食事をした。

4　先輩と友達といっしょに神社に行った。

31　この人は何におどろきましたか。

1　スーパーでおおぜいの人がたくさんの食料品を買っていたこと

2　おおぜいの人が神社に来ていたこと

3　神社の前でどろぼうに財布をとられたこと

4　さいふがかばんの中にあったこと

32 この人は何をするために神社(じんじゃ)に行きましたか。

1 お金を神社(じんじゃ)にあげるため

2 よい年になるように祈(いの)るため

3 よいことが書いてある紙をもらうため

4 おみくじをひくため

33 日本の正月(しょうがつ)にはどんな習慣(しゅうかん)があるとわかりますか。

1 正月(しょうがつ)に特別な料理を作る習慣(しゅうかん)

2 1月1日にレストランで食事をする習慣(しゅうかん)

3 正月(しょうがつ)に神社(じんじゃ)に行って、祈(いの)る習慣(しゅうかん)

4 よい年になるようにおみくじをもらう習慣(しゅうかん)

10分

もんだい6　右のページの「音楽練習室のご利用について」を見て質問に答えてください。答えは、1・2・3・4からいちばんいいものを一つえらんでください。

34　田中さんは19:00～21:00に5人で練習室を使いたいと思っていますが、2500円以上は払えません。今日が月曜日で、次の部屋が空いているとき、どれを予約すればいいですか。

1　明日の練習室A
2　明日の練習室B
3　あさっての練習室C
4　あさっての練習室D

35　ホンさんは、練習室Dを3日後の木曜日10:30～12:30で予約しましたが、用事ができたので、予約をキャンセルしようと思います。いくら払わなくてはいけませんか。

1　1000円
2　800円
3　700円
4　600円

音楽練習室のご利用について

- 練習室を使う人が多くても少なくても、かかるお金は同じです。何人までいっしょに使えるか、ご注意ください。１時間の料金は下の料金表をごらんください。
- １時間からご利用になれます。
- ご予約をキャンセルするときは、次のキャンセル料をお払いください。

　７時間以上ご予約の方：13 ～ ２日前→ご利用に必要なお金の 60%

　　　　　　　　　　　　１日前、その日→ 100%

　１～６時間ご予約の方：６ ～ ２日前→ご利用に必要なお金の 60%

　　　　　　　　　　　　１日前、その日→ 100%

料金表（１時間のご利用にかかるお金）

ご利用の時間		練習室（何人までいっしょに使えるか）			
		A（15 人）	B（10 人）	C（7 人）	D（4 人）
月～金曜	8:30 ～ 16:30	2000 円	1500 円	1000 円	500 円
	16:30 ～ 22:30	2500 円	1800 円	1300 円	700 円
土曜・日曜	8:30 ～ 22:30	2500 円	1800 円	1300 円	700 円
前日予約*	8:30 ～ 22:30	1500 円	1200 円	1000 円	400 円

＊前日予約：１日前の予約は特別に安い料金になります。（練習室がまだ空いているとき）

모의고사 제1회

N4

청해

もんだい 1

もんだい１では、まず　しつもんを　聞いて　ください。それから　話を　聞いて、もんだいようしの　１から４の中から、いちばん　いい　ものを　一つ　えらんで　ください。

れい

1　パン屋
2　本屋
3　コンビニ
4　スーパー

1ばん

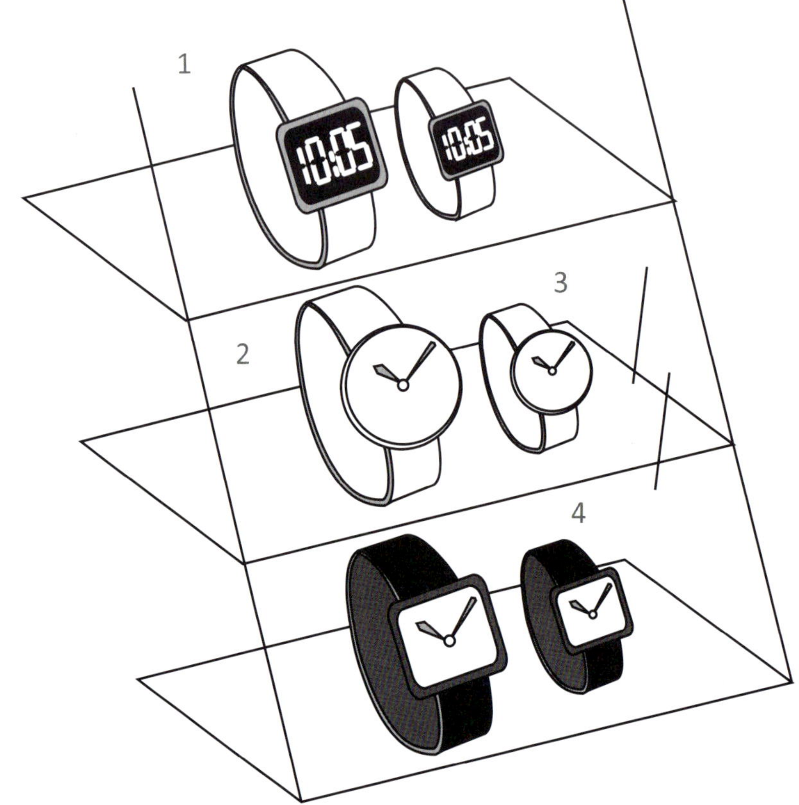

2ばん

1
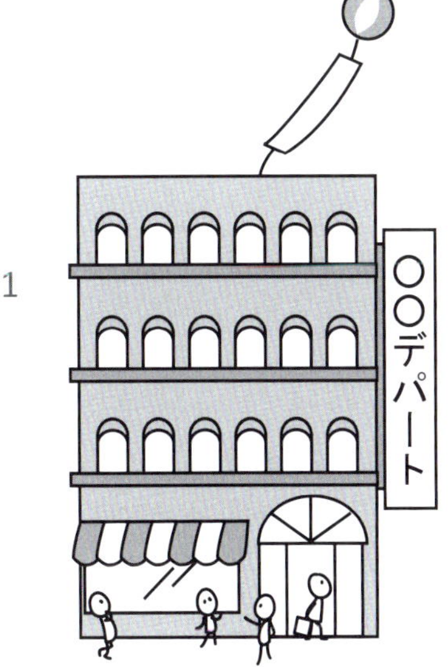

2

3

4

3ばん

1 食事(しょくじ)を します。

2 紙(かみ)に　名前(なまえ)を　書(か)きます。

3 いすに　すわって　待(ま)ちます。

4 店(みせ)を　変(か)えます。

4ばん

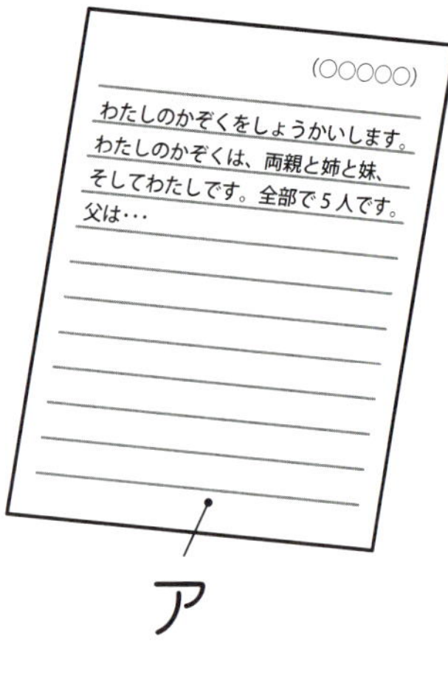
(○○○○○)
わたしのかぞくをしょうかいします。
わたしのかぞくは、両親と姉と妹、
そしてわたしです。全部で５人です。
父は・・・

1 ア イ ウ

2 ア ウ

3 ア イ

4 イ ウ

5ばん

1 2 3 4

6ばん

7ばん

1 服を　買います

2 車を　買います

3 貯金します

4 旅行します

8ばん

1 8時に　レストラン

2 7時45分に　レストラン

3 8時に　駅の　北の　出口

4 7時45分に　駅の　北の　出口

もんだい２

もんだい２では、まず　しつもんを　聞いて　ください。そのあと、もんだいようしを　見て　ください。読む　時間が　あります。それから　話を聞いて、もんだいようしの　１から４の中から、いちばん　いいものを　一つえらんで　ください。

れい

1　しごとが　たいへんだから
2　アルバイト代が　安いから
3　べんきょうが　いそがしく　なったから
4　りゅうがくを　することに　なったから

１ばん

1　月曜日
2　火曜日
3　水曜日
4　木曜日

2ばん

1　とても　広いところ

2　動物が　多い　ところ

3　お客さんが　多い　ところ

4　駅から　遠い　ところ

3ばん

1　店を　えらぶ

2　店を　よやくする

3　みんなに　さんかできる　日を　聞く

4　みんなに　場所を　知らせる

4ばん

1　広い　かいぎ室が　あいていないから

2　かいぎ室の　よやくを　わすれたから

3　せまい　かいぎ室に　かえたから

4　かいぎに　出る　人が　ふえたから

5ばん

1　ゆうびんで　送る

2　Eメールで　送る

3　けんきゅう室の　前の　はこに　入れる

4　けんきゅう室で　先生に　ちょくせつ　わたす

6ばん

1　じこに　あったから

2　やくそくの　時間に　おくれそうだから

3　やくそくの　時間を　決めたいから

4　今日は　行けなくなったから

7ばん

1　国に　帰って　はたらく

2　東京の　会社で　はたらく

3　日本で　べんきょうを　つづける

4　まだ　決めていない

もんだい３

もんだい３では、えを　見ながら　しつもんを　聞いて　ください。➡(やじるし)の　人は　何と　言いますか。１から３の　中から、いちばん　いい　ものを　一つ　えらんで　ください。

れい

1ばん

2ばん

3ばん

4ばん

5ばん

もんだい４

もんだい４では、えなどが　ありません。まず　ぶんを　聞(き)いて　ください。それから、そのへんじを　聞(き)いて、１から３の　中(なか)から、いちばん　いい　ものを　一(ひと)つ　えらんで　ください。

— メモ —

모의고사 제2회

N4

언어지식
(문자·어휘)

3分（1問20秒）

もんだい1 ＿＿＿のことばは ひらがなで どう かきますか。 1・2・3・4から いちばん いい ものを ひとつ えらんで ください。

（例） こうこうせいの ころは 小説家に なりたかった。

1 しょうどく　2 しょうぜい　3 しょうせつ　4 しょうわ

（かいとうようし） | （例） | ① ② ● ④ |

---

1 ほっかいどうの お土産を ともだちに あげました。

1 おくりもの　2 おかし　3 おもちゃ　4 おみやげ

2 あたらしい 洋服を かいました。

1 ようふく　2 よふう　3 ようぶ　4 よふく

3 会議室は ３がいに あります。

1 かいいしつ　2 がえきしつ　3 かいぎしつ　4 がいいしつ

4 かんじの 辞典を かいました。

1 じってん　2 つうてん　3 つうでん　4 じてん

5 きれいな 音楽が きこえます。

1 おとらく　2 おんがく　3 おがく　4 おんかく

6 げんかんに はなを 飾りました。

1 かじゃり　2 がじゃり　3 かざり　4 かぜり

7 しんぶんで みたい 番組を さがします。

1 ばんぐみ　2 ばぐみ　3 ぱんくみ　4 ばんくみ

8 財布を おとして しまいました。

1 さいぷ　2 さいふ　3 さいぶ　4 ざいふ

9 きのう ともだちの いえを 訪ねました。

1 たずね　2 たすね　3 たっずね　4 だっずね

3分（1問30秒）

もんだい2 ＿＿＿のことばは　どう　かきますか。１・２・３・４から　いちばん　いい　ものを　ひとつ　えらんで　ください。

（例）としょかんに　ほんを　かえしました。

1 近しました　2 送しました　3 逆しました　4 返しました

（かいとうようし）

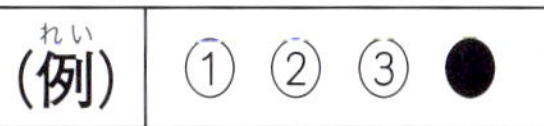

10 あたらしい　テーブルを　かいました。

1 真しい　2 親しい　3 近しい　4 新しい

11 とくべつ　もんだいは　ありません。

1 特別　2 持別　3 待別　4 時別

12 ごみは　かようびと　きんようびに　すてます。

1 捨てます　2 放てます　3 集てます　4 売てます

13 あの　てらは　とても　ふるいです。

1 台い　2 言い　3 品い　4 古い

14 ほんを　かして　もらいました。

1 員して　2 貸して　3 質して　4 買して

15 いぬと　ねこの　せわで　まいにち　いそがしいです。

1 世話　2 生試　3 世語　4 生語

5分（1問30秒）

もんだい3 （　　　）に なにを いれますか。1・2・3・4から いちばん いい ものを ひとつ えらんで ください。

（例）ちかくの （　　　）で パンと ぎゅうにゅうを かいました。

1 レストラン　2 コンビニ　3 ぎんこう　4 やおや

（かいとうようし）　（例）① ● ③ ④

16 ともだちに たんじょうびプレゼントを （　　　）ました。

1 あげ　2 かり　3 くれ　4 かし

17 わたしは まいにち 2じかん パン屋で （　　　）を して います。

1 サンドイッチ　2 したく　3 アルバイト　4 ようじ

18 しっている ひとに あったら （　　　）を しましょう。

1 うんどう　2 あいさつ　3 あんない　4 えんりょ

19 ここで おかねを （　　　） ください。

1 さがって　2 おこなって　3 もどって　4 はらって

20 となりの うちの テレビの おとが （　　　）です。

1 うるさい　2 おかしい　3 うれしい　4 きびしい

21 いま でんわして ホテルを （　　　）しました。

1 ツイン　2 シングル　3 よやく　4 よてい

22 カーテンを （　　　）ました。

1 こわし　2 ひっこし　3 かわり　4 とりかえ

23 ちゅうしゃを して いる あいだは （　　　） ください。

1 うかがわないで　2 うけないで　3 うごかないで　4 うつらないで

24 おちゃを のむために ゆを （　　　）ました。

1 おこし　2 わき　3 やき　4 わかし

5分（1問1分）

もんだい4 ＿＿＿の ぶんと だいたい おなじ いみの ぶんが あります。1・2・3・4から いちばん いい ものを ひとつ えらんで ください。

（例）ワンさんに しんぶんの コピーを たのみました。

1 ワンさんに しんぶんの コピーを みせました。

2 ワンさんに しんぶんの コピーを おねがいしました。

3 ワンさんに しんぶんの コピーを あげました。

4 でんしゃの しんぶんの コピーを もらいました。

（かいとうようし）

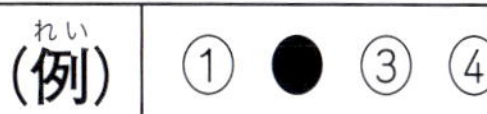

（例）	① ● ③ ④

25 そとを みると あめは やんで いました。

1 そとを みたら あめは すこし ふって いました。

2 そとを みると あめは つよく ふって いました。

3 そとを みたら あめは ふって いませんでした。

4 そとを みると あめは ふりそうでは ありませんでした。

26 ふくが よごれて いますよ。

1 ふくが ぬれて いますよ。

2 ふくが きたないですよ。

3 ふくが かわいて いますよ。

4 ふくが きれいですよ。

27 9時に きょうしつに あつまって ください。

1 9じに きょうしつを でて ください。

2 9じに きょうしつに きて ください。

3 9じに きょうしつで みて ください。

4 9じに きょうしつに いれて ください。

제1회 제2회 제3회 문자·어휘 문법 독해 청해

28 へやを　かたづけ　ましょう。

1 へやを　すぐに　でましょう。
2 へやを　きれいに　しましょう。
3 へやを　あたたかく　しましょう。
4 へやを　あかるく　しましょう。

29 やまださんの　かわりに　すずきさんが　いきました。

1 やまださんも　すずきさんも　いきました。
2 やまださんが　いって、すずきさんは　いきませんでした。
3 すずきさんが　いって、やまださんは　いきませんでした。
4 やまださんも　すずきさんも　いきませんでした。

10分（1問2分）

もんだい5　つぎの ことばの　つかいかたで　いちばん　いい　ものを　1・2・3・4から　ひとつ　えらんで　ください。

（例）おく

1　ごみは　ごみばこに　<u>おいて</u>　ください。

2　いそいで　メールを　<u>おいて</u>　ください。

3　にもつは　つくえの　うえに　<u>おいて</u>　ください。

4　なくさないよう　かぎは　かばんに　<u>おいて</u>　ください。

（かいとうようし）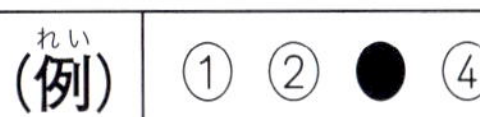

（例） ① ② ● ④

30　すみ

1　ゆびの　<u>すみに</u>　どろが　ついて　います。

2　そらの　<u>すみに</u>　つきが　みえます。

3　かさの　<u>すみが</u>　おれました。

4　へやの　<u>すみに</u>　テレビが　おいて　あります

31　だいじ

1　びょうきが　なおるまで　からだを　<u>だいじに</u>　して　ください。

2　せまい　どうろなので　<u>だいじに</u>　うんてんした。

3　ナイフは　あぶないので　<u>だいじに</u>　つかいました。

4　おとが　しないように　ドアを　<u>だいじに</u>　あけました。

32　まじめ

1　<u>まじめな</u>　ねだんの　いえが　みつかりません。

2　この　くつは　<u>まじめに</u>　つくられています。

3　この　せつめいは　わかりやすくて　<u>まじめです</u>。

4　かれは　とても　<u>まじめな</u>　ひとです。

33 くらべる

1 かべの　いろを　しろに　くらべました。

2 いちばん　おおきい　ケーキを　くらべました。

3 どちらが　いいか　ふたつを　くらべました。

4 あかい　くつの　ほうを　くらべました。

34 しゅっちょうする

1 あには　ほんを　かいに　えきまで　しゅっちょうして　います。

2 たくさんの　ひとが　はなみに　こうえんに　しゅっちょうして　います。

3 しゃちょうは　いま　ニューヨークに　しゅっちょうして　います。

4 まいあさ　はちじに　かいしゃに　しゅっちょうして　います。

모의고사 제2회

N4

언어지식
(문법)

독해

8分（1問30秒）

もんだい１ （　　）に 何を 入れますか。１・２・３・４から いちばん いい ものを 一つ えらんで ください。

（例）わたしは 毎朝 牛乳（　　）飲みます。

1 が　　2 の　　3 を　　4 で

（解答用紙）

（例）	① ② ● ④

1 あの いす（　　）すわって いる 人が 田中さんです。

1 で　　2 を　　3 に　　4 が

2 その 映画は とても おもしろかったので、３回（　　）映画館に みに 行った。

1 で　　2 は　　3 も　　4 が

3 わたしの 家から 駅（　　）、歩いて 20分くらい かかります。

1 へ　　2 まで　　3 に　　4 までに

4 Ａ「その 時計、すてきですね。」

Ｂ「ありがとうございます。誕生日に 妹（　　）くれたんです。」

1 が　　2 に　　3 から　　4 を

5 リサ「この 漢字は、（　　）意味ですか。」

田中「それは、たばこを 吸うな という 意味ですよ。『きんえん』と 読みます。」

1 どう　　2 どのくらい　　3 どうやって　　4 どういう

6 ３月に なって、最近（　　）暖かく なって きた。

1 そろそろ　　2 だいたい　　3 なかなか　　4 だんだん

7 わたしは　毎晩　（　　　）　前に、30分くらい　本を　読んでいる。

1　寝る　　2　寝ない　　3　寝た　　4　寝て

8 健康の　ために、毎日　3キロ　走る　（　　　）。

1　ように　なる　　2　ことに　なる

3　のに　した　　4　ことに　した

9 A「最近、駅前に　新しい　レストランが　できたのを　知っていますか。」

B「えっ、知りませんでした。（　　　）　店は、どんな　店ですか。」

1　そんな　　2　あんな　　3　その　　4　あの

10 学生「先生、すみません。資料を　家に　（　　　）　きて　しまいました。」

先生「そうですか。しかたないですね。来週は　かならず　持って来てください。」

1　おく　　2　おかない　　3　おいた　　4　おいて

11 試験の　1か月前から　毎日　がんばって　（　　　）、いい点が　とれなかった。

1　勉強すれば　　2　勉強して　いたら

3　勉強して　いたので　　4　勉強して　いたのに

12 木村「この　料理、おいしそうですね。田中さんが　一人で　作ったんですか。」

田中「いえ。山下さんにも　（　　　）。」

1　手伝って　あげました　　2　手伝って　くれました

3　手伝って　もらいました　　4　手伝わされました

13 木村「田中さん、先週　私が　（　　　）　本、そろそろ　かえしてくれない？」

田中「あ、ごめん。あした　かならず　かえすよ。」

1　貸す　　2　借りる　　3　貸した　　4　借りた

14 友だちが 約束の 時間を 間違えて しまったので、わたしは 駅で 30分も（　　　）。

1 待たせる　　2 待たされた
3 待って くれる　　4 待たれた

15 A「ねえ、カバンが （　　　）。」

B「あ、ありがとう。気がつかなかったよ。」

1 開けて いるよ　　2 開いて いるよ
3 開けて あるよ　　4 開けて おくよ

5分(1問50秒)

もんだい2 ＿★＿に 入る ものは どれですか。1・2・3・4から いちばん いい ものを 一つ えらんで ください。

（問題例）

かばん ＿＿＿ ＿＿＿ ＿★＿ ＿＿＿ があります。

1 さいふ　　2 の　　3 中　　4 に

（答え方）

1. 正しい 文を 作ります。

かばん ＿＿＿ ＿＿＿ ＿★＿ ＿＿＿ があります。
2 の　3 中　4 に　1 さいふ

2. ＿★＿に 入る 番号を 黒く 塗ります。

（解答用紙）　（例）①②③●

---

16 A「気分が 悪そうですね。早く ＿＿＿ ＿＿＿ ＿★＿ ＿＿＿ いいですよ。」
B「はい。そうします。」

1 ほうが　　2 家に　　3 休んだ　　4 帰って

17 A「すみません。この 近くに 郵便局は ありますか。」
B「そこの ＿＿＿ ＿＿＿ ＿★＿ ＿＿＿ 右に ありますよ。」

1 歩くと　　2 まがって
3 5分くらい　　4 かどを

18 今日は ＿＿＿ ＿＿＿ ＿★＿ ＿＿＿ すごす つもりだ。

1 雨も　　2 家(いえ)で
3 ふりそうだし　　4 ゆっくり

19 A「今のは ねこの 声(こえ) ですか。」
B「ええ。近所の ＿＿＿ ＿＿＿ ＿★＿ ＿＿＿。」

1 している　　2 ねこが
3 けんかを　　4 ようです

20 A「すみません。次(つぎ)の 会議(かいぎ)は ＿＿＿ ＿＿＿ ＿★＿ ＿＿＿ わかりますか。」
B「ええ、A会議室(かいぎしつ)ですよ。」

1 で　　2 か　　3 ある　　4 どこ

6分（1問70秒）

もんだい３ **21** から **25** に 何を 入れますか。 文章の 意味を 考えて、１・２・３・４から いちばん いい ものを 一つ えらんで ください。

下の文章は、３月２日の日記です。

３月２日 日曜日

今日は テニスの 練習に 行った。テニス教室に 入って、もう ３か月だ。いつもは 仕事ばかりで 体を 動かさないので、とても いい 運動に なる。今日 テニス教室の 先生 **21** 「上手に なりましたね」と ほめられた。テニスは **22** 、おもしろくなる。それから、いい 友だちも できた。いつも いっしょに 練習している 田中さんだ。田中さんは、まじめで 親切な 人だ。今度 いっしょに 試合に 出る 約束を した。わたしも 田中さんも 試合に **23** はじめてなので、もっと 練習が 必要だ。 **24** 、来週からは 週に ２回 練習に 行く ことに した。試合に **25** 、がんばって 練習しようと 思う。

21

1 に　　2 が　　3 を　　4 で

22

1 練習(れんしゅう)すればするほど　　2 練習(れんしゅう)しないと

3 練習(れんしゅう)するなら　　4 練習(れんしゅう)しなければしないほど

23

1 でるのは　　2 でたのは

3 でないのは　　4 でなかったのは

24

1 たとえば　　2 それで

3 それなら　　4 すると

25

1 かつように　　2 かてるために

3 かてるように　　4 かったために

12分（1大問3分）

もんだい4　つぎの⑴から⑷の文章を読んで、質問に答えてください。こたえは、1・2・3・4からいちばんいいものを一つえらんでください。

(1)

「S市美術館の紹介」

S市美術館は大きいです。部屋がたくさんあって、子どもからおじいさん、おばあさんまで、いろいろな人のかいた絵をかざった部屋もあります。絵をかいたのはS市に住んでいる人で、たくさんの中から選ばれた、いい絵ばかりです。この部屋にはいすもあって、ゆっくり見ることができます。1階の広いところでは、ときどきコンサートも行われます。この美術館でお金が必要なのは、有名な絵のある部屋に入るときだけです。

26　S市美術館の説明で、正しいものはどれですか。

1　お金をはらわなくても、いろいろ楽しむことができる。
2　S市の景色をかいた絵がかざられている部屋があって、有名だ。
3　どの部屋に行ってもいすがあるので、ゆっくり楽しめる。
4　ときどきコンサートがあるが、それを聞くにはお金がかかる。

(2)

日本で売られている黄色いバナナはだいたい外国から来ています。バナナは緑色のときに木から取られて、日本に運ばれているのです。緑のバナナはそのままでは食べられませんが、店に並ぶときにはちょうど黄色くなっています。店から買ってきて置いておくと、黄色いバナナに小さい黒い点がたくさんできます。そのときには、もっと甘く、おいしくなっています。冷蔵庫に入れておくと、黒くなりますが、甘さは増えません。

27 バナナはどのように食べたらおいしいと言っていますか。

1 店から買ってきて、すぐ、黄色いときに食べる。

2 冷蔵庫に入れて、黒くなったら食べる。

3 木からとって、すぐ、新しいときに食べる。

4 黒い点が出てから食べる。

(3)

兄はよく「こんな田舎は、おもしろくない。」と言っていますが、私は、むかしからの友だちがたくさんいるこの町に、ずっと住みつづけたいです。駅や病院まではちょっと遠いですが、車があれば問題ありませんし、しずかなところを歩くのは気持ちがよくて、体にもいいです。車で行けるスーパーもあります。電車に２時間乗れば、デパートや映画館やコンサートホールなどに行けます。私にはとても住みやすい町です。

28 この人は、どうしてこの町に住みつづけたいと思っているのですか。

1 田舎は空気がきれいで、体にいいから

2 友だちがおおぜいいるし、生活で不便なこともないから

3 スーパーやデパートまで歩いて行けて、便利だから

4 交通が便利で、映画やコンサートに行きやすいから

(4)

フォンさんの机の上に、メモが置いてありました。

フォンさん

A社の上田さんから電話がありました。
今日午後2時にうかがうはずだったが、電車が止まって間に合いそうにない。
いつ電車が動くかわからないので、何時に着けるかわからない。
ご都合をうかがいたいので、また電話する。
とのことでした。

山川

29 フォンさんはどうしたらいいですか。

1 山川さんにすぐ電話する。
2 上田さんからの電話を待つ。
3 上田さんにメールで返事を書く。
4 いつ電車が動くかを調べて、山川さんに教える。

16分

もんだい5　つぎの文章を読んで、質問に答えてください。答えは、1・2・3・4から、いちばんいいものを一つえらんでください。

自分が大人になったと思うのはどんなときだろうか。

姉は、両親との関係が変わったときと答えた。姉は昔、両親に「あれをしてはいけない」「こうしなければいけない」などと注意されると、いつも「うるさい」「わかってる」と言って怒っていた。けれども、一人で生活するようになってから、いつも自分をしかってくれた両親の気持ちがわかったそうだ。それからは両親との関係がよくなったと言っている。

私はこの前、一人でタクシーに乗った。仕事で約束した時間に遅れそうだったからだ。一人で乗ったのは初めてだった。そして、私も大人になったなあと思った。今までは、電車よりお金がかかるからタクシーに乗らなかったのだが、乗っていいかどうか、自分で決められなかったからでもある。自分で決めるのは大変なことだ。

ほかの人にも聞いてみたら、高校や大学を卒業したとき、一人でレストランに入ったときなど、いろいろな答えがあった。家族や友だちと別れて新しい世界に入ったり、一人で何かができるようになったり、人はいろいろな経験をしながら、大人になっていくのではないか。

30　この人のお姉さんについて、正しいものはどれですか。

1　子どものとき、あまり両親にしかられなかった。
2　今、両親にしかられると「うるさい」と思う。
3　両親ともっといい関係になりたいと思っている。
4　今は両親といっしょに住んでいない。

31　言っているのはだれですか。

1　姉
2　両親
3　たくさんの人たち
4　この文章を書いた人

32 この人は、どんなときに自分は大人になったと思いましたか。

1 初めてタクシーに乗ったとき

2 高いタクシー代が払えたとき

3 タクシーは高いから乗らないと決めたとき

4 タクシーに乗ろうと決めて一人で乗ったとき

33 この文章を書いた人はどんな意見を持っていますか。

1 人は、自分は大人になったと思うことができれば、両親といい関係が作れる。

2 自分が大人になったと思うときはいろいろあって、一つに決められない。

3 人と別れたり一人で何かをしたりする経験が、人を大人にする。

4 大人になったら、いろいろな経験をしなくてはいけない。

もんだい6　右のページの「S駅南自転車駐車場」の説明を見て、下の質問に答えてください。答えは、1・2・3・4から、いちばんいいものを一つえらんでください。

10分

34 とめることができるのは、どの場合ですか。

1 S駅南自転車駐車場に自転車を3時間とめる。
2 S駅南自転車駐車場にバイクを3日間とめる。
3 S駅北自転車駐車場にバイクを2日間とめる。
4 S駅南自転車駐車場に自転車を15日間とめる。

35 Aさんは、S駅南自転車駐車場に自転車をとめようと思いましたが、お金をもっていませんでした。Aさんはどうしたらよいでしょうか。

1 機械にお金を入れないと、とめることができないので、お金を取りに家にもどる。
2 自転車をラックに入れないで、あいている場所に置いておく。
3 S駅北駐車場はお金がいらないので、S駅北駐車場に行く。
4 お金は自転車を出すときに入れるので、それまでにお金を準備する。

S駅南自転車駐車場

利用料金　1日(24時間)100円

自転車を入れるとき

あいているラックに自転車を入れてください

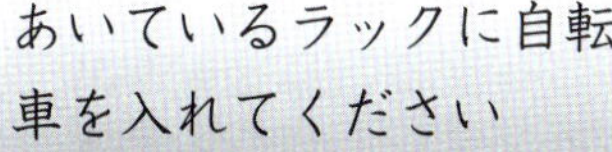

自転車にかぎをかけてください

3分たつとロックがかかります

自転車を出すとき

機械のボタンから、ご利用のラックの番号を選んで押してください

お金をいれてください

自転車を出すことができます

<ご注意>

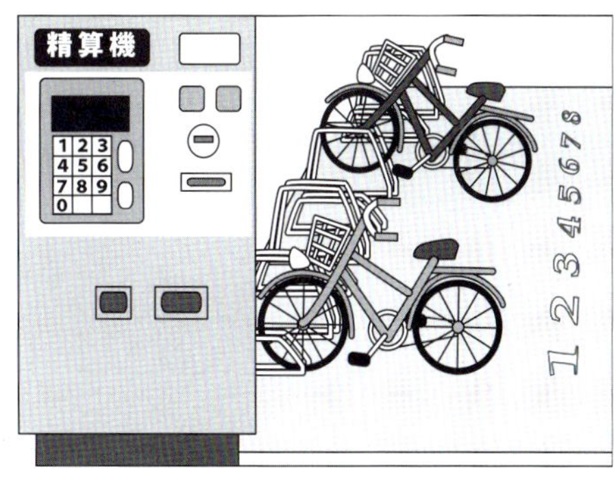

- 自転車には必ずかぎをかけてください。
- ラックの番号を間違えて押したときは、3分たってからもう一度正しい番号を押してください。お金をお返しすることはできません。
- この駐車場は自転車用駐車場です。バイクは駅の北にあるS駅北バイク駐車場にとめてください。
- 自転車がいっぱいでとめることができない場合、S駅北自転車駐車場をご利用ください。
- 2週間以上とめることはできません。2週間以上とめてある自転車は、別な場所に持っていきます。その場合は、お電話で連絡ください。
- ラックを使わないでとめた自転車は、別な場所に持っていきます。5000円払っていただきます。
- 機械が故障している場合は、お電話で連絡ください。

連絡電話番号：000-1234-12345

모의고사 제2회

N4

청해

もんだい 1

もんだい１では、まず　しつもんを　聞(き)いて　ください。それから　話(はなし)を　聞(き)いて、もんだいようしの　１から４の中(なか)から、いちばん　いい　ものを　一(ひと)つ　えらんで　ください。

れい

1　パン屋(や)
2　本屋(ほんや)
3　コンビニ
4　スーパー

１ばん

1

2
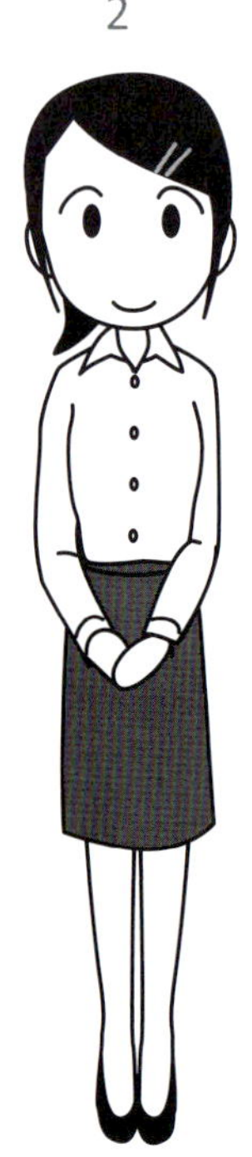

3

4
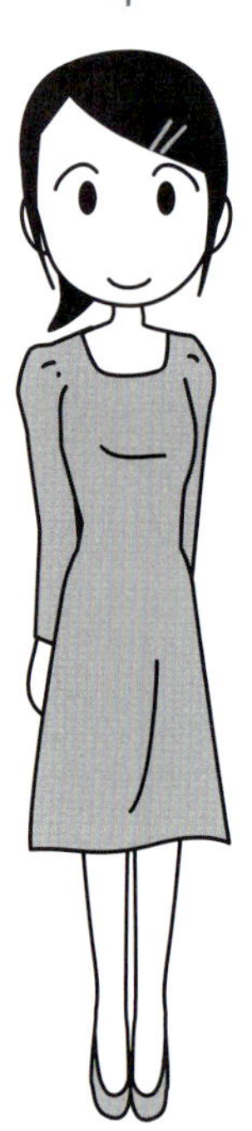

2ばん

3ばん

1　インターネットで　しらべる

2　大学(だいがく)の　図書館(としょかん)で　しらべる

3　アンケートを　とる

4　古(ふる)い　新聞(しんぶん)を　さがす

4ばん

5ばん

6ばん

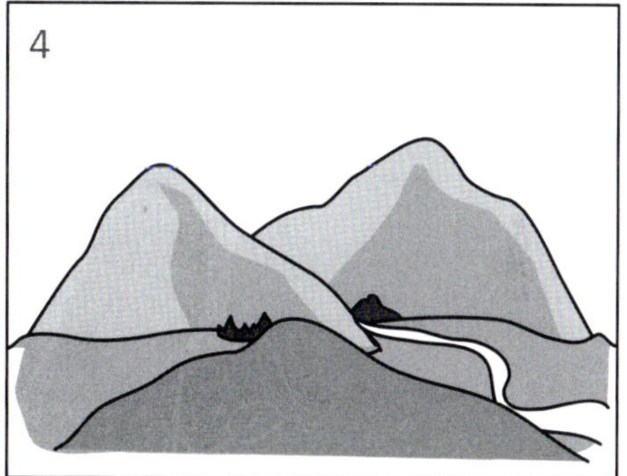

7ばん

1 土曜日(どようび)

2 日曜日(にちようび)

3 月曜日(げつようび)

4 火曜日(かようび)

8ばん

1 しょうひんを　はこに　入(い)れる

2 しょうひんを　あつめる

3 はこを　えらぶ

4 はこを　そうこに　もっていく

もんだい２

13~20
2회

もんだい２では、まず　しつもんを　聞いて　ください。そのあと、もんだいようしを　見て　ください。読む　時間が　あります。それから　話を　聞いて、もんだいようしの　１から４の中から、いちばん　いいものを　一つ　えらんで　ください。

れい

1　しごとが　たいへんだから
2　アルバイト代が　安いから
3　べんきょうが　いそがしく　なったから
4　りゅうがくを　することに　なったから

１ばん

1　すうじを　まちがえたから
2　だいじな　ことを　言うのを　わすれたから
3　しごとで　ミスを　したから
4　話が　わかりにくかったから

2ばん

1　週(しゅう)に２日(ふつか)

2　週(しゅう)に３日(みっか)

3　週(しゅう)に４日(よっか)

4　毎日(まいにち)

3ばん

1　ぐあいが　わるいから

2　バイトが　あるから

3　日(ひ)にちを　まちがえたから

4　場所(ばしょ)が　わからないから

4ばん

1　パソコンを　使(つか)う

2　ゴミを　すてる

3　食(た)べたり　飲(の)んだりする

4　話(はなし)を　する

5ばん

1 バスで

2 地下鉄(ちかてつ)で

3 タクシーで

4 歩(ある)いて

6ばん

1 ３年(ねん)

2 ６年(ねん)

3 ７年(ねん)

4 ９年(ねん)

7ばん

1 本屋(ほんや)

2 カフェ

3 駅(えき)の　かいさつを　出(で)た　ところ

4 こくさいセンターの　入口(いりぐち)

もんだい３

もんだい３では、えを 見（み）ながら しつもんを 聞（き）いて ください。➡（やじるし）の 人（ひと）は 何（なん）と 言（い）いますか。１から３の 中（なか）から、いちばん いい ものを 一（ひと）つ えらんで ください。

れい

1ばん

2ばん

3ばん

4ばん

5ばん

もんだい４ 

もんだい４では、えなどが　ありません。まず　ぶんを　聞(き)いて　ください。それから、そのへんじを　聞(き)いて、１から３の　中(なか)から、いちばん　いい　ものを　一(ひと)つ　えらんで　ください。

— メモ —

모의고사 제3회

N4

언어지식
(문자·어휘)

3分（1問20秒）

もんだい1 ＿＿＿のことばは ひらがなで どう かきますか。1・2・3・4から いちばん いい ものを ひとつ えらんで ください。

（例） こうこうせいの ころは 小説家に なりたかった。

1 しょうどく　2 しょうぜい　3 しょうせつ　4 しょうわ

（かいとうようし）

（例）	① ② ● ④

1 なつやすみに きゅうしゅうを 旅行 しました。

1 りょうこう　2 りゅぎょう　3 りょこう　4 りゅうしん

2 しごとの 計画を たてました。

1 けえかく　2 けいかく　3 けいが　4 けえがく

3 事故で けがを しました。

1 じっこ　2 じいこ　3 じごう　4 じこ

4 わたしは 漫画が だいすきです。

1 まんが　2 まんか　3 まが　4 まか

5 にちようびに 映画を みに いきました。

1 ええか　2 えいが　3 ええが　4 えいか

6 試験は やさしかったです。

1 しっけん　2 じっけん　3 しけん　4 しげん

7 きのう 動物園に いきました。

1 どうぶつえん　2 とうぶつえん　3 どうぶっつえん　4 とうぶっつえん

8 やまださんに あえなくて 残念でした。

1 じゃんねん　2 じゃねん　3 ざんねん　4 ざねん

9 わたしの いえから 空港まで バスで 1じかん くらいです。

1 ぐうこう　2 くうこう　3 くうくう　4 ぐこう

3分（1問30秒）

もんだい2 ＿＿＿のことばは　どう　かきますか。１・２・３・４から　いちばん　いい　ものを　ひとつ　えらんで　ください。

(例) としょかんに　ほんを　かえしました。

1 近しました　2 送しました　3 逆しました　4 返しました

（かいとうようし）

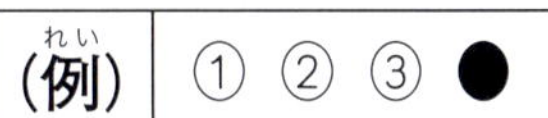

10 みんなで　うたを　うたうのは　たのしい　です。

1 楽しい　2 集しい　3 業しい　4 東しい

11 いえの　ちかくに　びょういんが　あります。

1 店員　2 広院　3 度員　4 病院

12 あるいて　にもつを　はこびます。

1 歩びます　2 運びます　3 通びます　4 道びます

13 母は　りょうりが　じょうずです。

1 料里　2 理料　3 料理　4 量利

14 わたしは　さかなが　きらいです。

1 黒　2 肉　3 魚　4 色

15 わたしの　あねは　らいげつ　けっこんします。

1 姉　2 始　3 妹　4 兄

5分（1問30秒）

もんだい３　（　　　）に　なにを　いれますか。１・２・３・４から　いちばん　いい　ものを　ひとつ　えらんで　ください。

（例）　ちかくの　（　　　　）で　パンと　ぎゅうにゅうを　かいました。

1　レストラン　　2　コンビニ　　3　ぎんこう　　4　やおや

（かいとうようし）　| （例） | ①　●　③　④ |

16　やまださんは　だいがくの　ちかくに　（　　　　）　います。

1　けっこんして　　2　げしゅくして　　3　けいかくして　　4　けいけんして

17　この　パンは　とても　（　　　　）　おいしいです。

1　やわらかくて　　2　ひくくて　　3　ふかくて　　4　ただしくて

18　バスが　もうすぐ　（　　　　）しますから、いそいで　ください。

1　しゅっせき　　2　しょうかい　　3　じゅんび　　4　しゅっぱつ

19　きょうは　ぐあいが　（　　　　）ので、やすみます。

1　すくない　　2　かなしい　　3　わるい　　4　ねむい

20　みそしるが　（　　　　）　しまった。

1　ひえて　　2　かえて　　3　はこんで　　4　なくして

21　どうぶつを　（　　　　）　いけません。

1　かたづけては　　2　いじめては　　3　なくなっては　　4　しんでは

22　そのことは　よく　（　　　　）して　います。

1　しょうたい　　2　しょうち　　3　そつぎょう　　4　へんじ

23　ばんごうは　せんしゅの　（　　　　）に　はって　あります。

1　すいえい　　2　せん　　3　せなか　　4　しあい

24　あした　までに　ぜんぶ　おぼえるのは　（　　　　）です。

1　わけ　　2　りゆう　　3　むり　　4　はず

10分（1問2分）

もんだい4 ＿＿＿＿の ぶんと だいたい おなじ いみの ぶんが あります。1・2・3・4から いちばん いい ものを ひとつ えらんで ください。

（例） ワンさんに しんぶんの コピーを たのみました。

1 ワンさんに しんぶんの コピーを みせました。

2 ワンさんに しんぶんの コピーを おねがいしました。

3 ワンさんに しんぶんの コピーを あげました。

4 でんしゃの しんぶんの コピーを もらいました。

（かいとうようし） 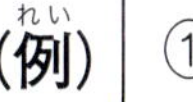 

（例）	① ● ③ ④

25 その いすに こしを かけて ください。

1 その いすに ようふくを かけて ください。

2 その いすに すわって きいて ください。

3 その いすに ぼうしを かけて ください。

4 その いすに すわって ください。

26 かれの たんじょうびが 1月1日なのは たしかです。

1 かれの たんじょうびは 1月1日かも しれません。

2 かれの たんじょうびは けっして 1月1日では ありません。

3 かれの たんじょうびは たぶん 1月1日です。

4 かれの たんじょうびは 1月1日です。

27 かぜを ひかないように きを つけて ください。

1 かぜを ひかないように よく やすんで ください。

2 かぜを ひかないように がんばって ください。

3 かぜを ひかないように えいようを とって ください。

4 かぜを ひかないように ちゅういして ください。

28 <u>わたしは　せんせいに　そうだんしました。</u>

1 わたしは　せんせいと　はなしを　しました。

2 わたしは　せんせいの　いけんを　ききました。

3 わたしは　せんせいと　あいました。

4 わたしは　せんせいの　いけんに　さんせいしました。

29 <u>すずきさんは　がいこくじんに　みちを　たずねられました。</u>

1 がいこくじんは　すずきさんに「いきかたを　おしえてください」と　言いました。

2 がいこくじんは　すずきさんに「いっしょに　いってください」と　言いました。

3 がいこくじんは　すずきさんに「いきかたを　おしえなさい」と　言いました。

4 がいこくじんは　すずきさんに「いっしょに　いきましょう」と　言いました。

10分（1問2分）

もんだい5　つぎの　ことばの　つかいかたで　いちばん　いい　ものを　1・2・3・4から　ひとつ　えらんで　ください。

（例）おく

1 ごみは　ごみばこに　おいて　ください。

2 いそいで　メールを　おいて　ください。

3 にもつは　つくえの　うえに　おいて　ください。

4 なくさないよう　かぎは　かばんに　おいて　ください。

（かいとうようし）

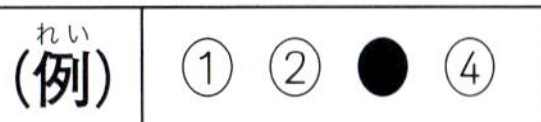

30 ごぞんじ

1 たなかさんの　でんわばんごうを　ごぞんじですか。

2 母は　たなかさんの　でんわばんごうを　ごぞんじです。

3 ちちは　わたしの　たんじょうびを　ごぞんじです。

4 わたしは　ちちの　たんじょうびを　ごぞんじです。

31 こまかい

1 この　くつは　わたしには　こまかいです。

2 こまかい　おんなのこが　こうえんで　あそんで　います。

3 この　りんごは　こまかいですが、おいしいです。

4 こまかい　すなが　めに　はいって　いたいです。

32 よわい

1 きょうは　きおんが　よわいです。

2 スーパーは　ねだんが　よわいです。

3 ようじが　たくさん　あって　よわいです。

4 わたしは　からだが　よわいです。

33 ひっこす

1 たなかさんの　かぜが　わたしに　ひっこしました。

2 にくを　れいぞうこから　テーブルに　ひっこしました。

3 おおさかから　きょうとへ　ひっこしました。

4 にわの　きを　ひがしから　にしへ　ひっこしました。

34 しつれい

1 ゆうがたに　なりましたので　もう　しつれいします。

2 せんせいは　まいにち　ごじに　がっこうを　しつれいします。

3 みせに　くる　おきゃくさんは　いつも　すぐに　しつれいします。

4 わたしが　おりると　タクシーは　すぐに　しつれいしました。

모의고사 제3회

N4

언어지식
(문법)

독해

8分（1問30秒）

もんだい１　（　　）に　何を　入れますか。１・２・３・４から　いちばん　いい　ものを　一つ　えらんで　ください。

(例) わたしは　毎朝　牛乳　（　　　）　飲みます。

1 が　　2 の　　3 を　　4 で

（解答用紙）　(例) ① ② ● ④

1 これは　日本語　（　　　）「はさみ」と　言います。

1 に　　2 を　　3 が　　4 で

2 教室を　きれいに　そうじしたら、先生　（　　　）　ほめられた。

1 に　　2 を　　3 が　　4 を

3 新しい　駅が　できて、この　町は　にぎやか　（　　　）　なりました。

1 に　　2 く　　3 で　　4 の

4 この　本は、さ来週　の　月曜日　（　　　）　かえさなければならない。

1 まで　　2 までに　　3 までも　　4 までは

5 A「あした、田中さんは　パーティーに　来ますか。」

B「まだ、返事が　ありませんから、来る　（　　　）　わかりません。」

1 しか　　2 かどうか　　3 のが　　4 とか

6 さっきから　かさを　さがしているけど、（　　　）　ない。

1 どこでも　　2 どれにも　　3 どちらでも　　4 どこにも

7 A「熱は　下がりましたか。」

B「ええ、もう　（　　　）　よくなりました。」

1　すっかり　　2　ちっとも　　3　はっきり　　4　ぜんぜん

8 A「ごはんを　（　　　）　あとで、映画館に　行かない？」

B「うん、そうしよう。」

1　食べる　　2　食べない　　3　食べて　　4　食べた

9 この　コピー、字が　うすいので、もう少し　（　　　）　ください。

1　こくにして　　2　こくして

3　こくになって　　4　こくなって

10 木村「田中さん、中国料理が　作れるんですね。」

田中「ええ、チャンさんに　（　　　）。」

1　教えて　あげたんです　　2　教えて　もらったんです

3　教えて　くれたんです　　4　教えさせられたんです。

11 外で　サッカーを　して　いたら、急に　雨が　（　　　）　だした。

1　ふる　　2　ふらない　　3　ふった　　4　ふり

12 わたしの　部屋には　家族の　写真が　たくさん　（　　　）。

1　かざって　いる　　2　かざって　ある

3　かざって　おく　　4　かざらせて　いる

13 木村「あ、田中さん、シャツの　ボタンが　（　　　）　そうですよ。」

田中「ありがとうございます。気がつきませんでした。」

1　とれる　　2　とり　　3　とる　　4　とれ

14 A「すみません、そこの　パソコンを　(　　　)　いただけませんか。」

B「ええ、いいですよ。どうぞ。」

1 使(つか)われて　　2 使(つか)わせて　　3 使(つか)わされて　　4 使(つか)って

15 田中(たなか)「国に　帰(かえ)ったら、何を　しますか。」

チャン「父の　仕事(しごと)を　(　　　)　つもりです。」

1 手伝(てつだ)う　　2 手伝(てつだ)える　　3 手伝(てつだ)おう　　4 手伝(てつだ)って

5分（1問50秒）

もんだい2 ＿★＿に 入る ものは どれですか。1・2・3・4から いちばん いい ものを 一つ えらんで ください。

（問題例）

かばん ＿＿＿ ＿＿＿ ＿★＿ ＿＿＿ があります。

1 さいふ　　2 の　　3 中　　4 に

（答え方）

1. 正しい 文を 作ります。

かばん ＿＿＿ ＿＿＿ ＿★＿ ＿＿＿ があります。
　　　2 の　3 中　4 に　1 さいふ

2. ＿★＿に 入る 番号を 黒く 塗ります。

（解答用紙）　（例）①②③●

---

16 A「来週の パーティーの 場所 を知りたいんですが、＿＿＿ ＿＿＿ ＿★＿ ＿＿＿ か。」

B「田中さんなら わかると 思いますよ。」

1 に　　2 わかります　　3 聞けば　　4 だれ

17 A「すみません。資料を 部屋に ＿＿＿ ＿＿＿ ＿★＿ ＿＿＿。」

B「わかりました。」

1 取りに　　2 忘れたので　　3 行って　　4 きます

18 A「おなかが　すきましたね。」

B「ええ。カレー ＿＿＿ ＿＿＿ ＿★＿ ＿＿＿ か。」

1 でも　　2 に　　3 食べ　　4 行きましょう

19 11月に　入って、＿＿＿ ＿＿＿ ＿★＿ ＿＿＿。

1 寒(さむ)く　　2 きた　　3 だんだん　　4 なって

20 A「ねえ、知(し)ってる？ 田中(たなか)さんが ＿＿＿ ＿＿＿ ＿★＿ ＿＿＿ らしいよ。」

B「えっ、知(し)らなかった。」

1 テレビで　　2 つとめている

3 紹介(しょうかい)される　　4 会社(かいしゃ)が

6分（1問70秒）

もんだい3　21　から　25　に　何を　入れますか。　文章の　意味を　考えて、１・２・３・４から　いちばん　いい　ものを　一つ　えらんで　ください。

下の文章は「東京」についての作文です。

「東京」

わたしは　去年の　３月に　東京の　大学に　留学するために　日本へ来ました。東京へ　来てから　もうすぐ　１年です。東京に　来た　21　のころは、おどろく　ことが　多かったです。22　、人が　多い　ことです。町には　人が　たくさん　いますが、みんな　歩くのが　速くて、とても　23　そうです。特に　朝の　電車は　人が　たくさん　乗って　いて、みんな　おこったような　顔を　して　います。わたしの　ふるさとは　人が少なくて、とても　しずかな　ところですから、最初は　少し　こわかったです。でも、最近　24　なれて　きました。

それから、東京には　おもしろい　ところも　あります。この前　大学の日本人の　友だち　25　東京の　古い　お寺へ　つれて　行って　もらいました。その　お寺は　高い　ビルの　となりに　ありました。東京は　古いものと　新しい　ものが　いっしょに　なって　いて、とても　おもしろいと　思います。これからも、いろいろな　ところへ　行って　みたいです。

21

1 ばかり　　2 から　　3 まえ　　4 うち

22

1 しかし　　2 例(たと)えば　　3 それに　　4 もし

23

1 いそがしい　　2 いそがし

3 いそがしくない　　4 いそがしかった

24

1 もっと　　2 ずっと　　3 やっと　　4 きっと

25

1 を　　2 に　　3 が　　4 で

12分（1大問3分）

もんだい4　つぎの(1)から(4)の文章を読んで、質問に答えてください。こたえは、1・2・3・4からいちばんいいものを一つえらんでください。

(1)

あなたは、「買いたい」と思ったら、すぐそれを買ってしまいますか。買い物をするときには、まず、本当にそれを使うかどうか考えましょう。とくに「安いから」と思って買ってしまうと、うちに同じようなものがあったり、使わないものだったりすることがあります。また、うちに置く場所があるかどうかも大切です。よく考えて買わないと、使わないで捨ててしまうことになります。

26 どんな買い方がよくないと言っていますか。

1 洋服の値段が安くなっているときに、その服を着る予定があるかどうか考えて買う。
2 テレビを買うときに、同じものを安く売っている店をさがして買う。
3 トマトが1個必要なときに、10個買うと安くなるものを選んで買う。
4 安い本棚を見つけたときに、部屋に入る大きさかどうかよく調べてから買う。

(2)

私は、ほとんど病院へ行ったことがありませんでした。けれども、入院した友だちが「1年前からずっとおなかが痛かったのに、病院に行かなかったのが悪かった。」と言っているのを聞いて、急に心配になりました。私もおなかが痛いときがあるからです。そして、毎日「私も同じ病気かもしれない。」と考えていたら、またおなかが痛くなってきました。それで、きのう病院へ行ってみましたが、何も病気はないと言われました。

27 この人について、正しいものはどれですか。

1　1年前からおなかが痛くて、今は入院している。
2　今まで一回も病院へ行ったことがない。
3　病気を心配しすぎて、おなかが痛くなってしまった。
4　1年前からずっとおなかが痛かったが、病院へ行ったら病気が治った。

(3)

これは、中田さんからのメールです。アンさんは金曜日の夕方はいつもひまです。また、魚は食べません。

> アンさんへ
>
> 連絡があります。クラスの飲み会(パーティー)を来週の金曜日の夕方にやるつもりです。もし都合が悪かったら、私にメールで連絡してください。
>
> それから、山川さんが食べ物を買っておいてくれるので、食べられないものがあったら教えてほしいそうです。よろしく。
>
> 中田

28 アンさんはどうしたらいいですか。

1 中田さんにメールをして、飲み会に出席すると連絡する。
2 中田さんにメールをして、飲み会に行けないことを伝える。
3 パーティーのために、山川さんに食べ物を買っておいてあげる。
4 山川さんに、魚は食べられないことを伝える。

(4)

紙に、市民(しみん)センターの部屋(へや)を利用(りよう)するときの注意が書かれています。

市民(しみん)センターの部屋(へや)を利用(りよう)される皆(みな)さんへ

● 部屋(へや)の中で食べたり飲んだりしないでください。

● エアコンは、冷房(れいぼう)は６月から９月、暖房(だんぼう)は11月から３月まで使うことができます。それ以外の月で使いたいときは、受付(うけつけ)に言ってください。

● 部屋(へや)のご利用(りよう)が終わったら、いすや机(つくえ)を片(かた)づけてください。部屋(へや)を出るときには、ドアを開けておいてください。

● 歌を歌ったり、ギターなどの楽器(がっき)をひいたりする場合(ばあい)は、音楽室をご利用(りよう)ください

---

29 この紙に書いてある注意からわかることは何ですか。

1 この部屋(へや)では10月にエアコンをけっして使ってはいけない。

2 帰るときに、ドアを閉(し)めなければならない。

3 この部屋(へや)では歌を歌うことはできない。

4 エアコンを使いたいときは、受付(うけつけ)に言わなければならない。

16分

もんだい5　つぎの文章を読んで、質問に答えてください。答えは、1・2・3・4から、いちばんいいものを一つえらんでください。

運動は体にいいから、エレベーターやバスに乗らないで歩くようにしているという人が増えています。忙しくて運動する時間がないというのがその理由です。スポーツクラブに通わなくてもいいですし、私のように運動があまり好きじゃない人にも簡単で、いい考えだと思います。

私と同じ会社のエリカさんも、よく歩いています。はじめは運動が好きじゃなかったけれど、歩くのが楽しくなって、走ることも始めたそうです。エリカさんに「最近、公園を走っているけど気持ちいいよ。一回見てみたら？」と言われて日曜日にその公園へ行ってみたら、走っている人がいっぱいでびっくりしました。エリカさんは、いっしょに走る友達もいて楽しそうでした。

来月、エリカさんは初めてマラソン大会に出るそうです。前はとても遅くしか走れなかったのに、少し速く走れるようになったから、10キロを1時間で走れるようになりたいと話していました。

子どものときから運動の好きな人が、大人になっても走るのだと思っていましたが、そんなことはないようです。私もこれから歩くことから始めてみようと考えています。

30　この人は、どんな考えをいい考えだと思ったのですか。

1　運動する人が増えるだろうという考え
2　乗り物に乗らないで歩こうという考え
3　スポーツクラブには通わないほうがいいという考え
4　忙しくて時間がないなら、運動しなくてもいいという考え

31 エリカさんについて、正しいものはどれですか。

1 この文章を書いた人といっしょに、よく走っている。

2 子どものときから走るのが好きで、楽しんで走っていた。

3 最近、10キロを1時間で走れるようになった。

4 まだマラソン大会で走ったことがない。

32 この文章を書いた人について、正しいものはどれですか。

1 今は特に何もしていないが、運動は好きだ。

2 バスに乗らないで、歩くようにしている。

3 最近、公園に行って走るようになった。

4 公園を走るという習慣を持っていない。

33 この文章を書いた人は、エリカさんを見て何がわかりましたか。

1 走るのが毎日じゃなくても、体がじょうぶになることがわかった。

2 運動が好きじゃなかった人も、楽しく走れるようになることがわかった。

3 がんばって運動をつづければ、マラソン大会に出られることがわかった。

4 公園で楽しく走るようにすれば、友だちが見つけられることがわかった。

10分

もんだい6 右のページの「A市立図書館のご利用について」を見て質問に答えてください。答えは、1・2・3・4からいちばんいいものを一つえらんでください。

34 A市立図書館でできることはどれですか。

1 B市に住んでいるサニさん(21歳)が、CDを3枚借りる
2 A市の高校に通っている川本さん(16歳)が、本を5冊と雑誌を6冊借りる
3 A市に住んでいる吉田さん(63歳)が、CDを5枚と本を4冊借りる
4 A市の会社で働いているヨウさん(35歳)が、DVDを2枚と雑誌を3冊借りる

35 明日は本を返さなければならない日ですが、読みおわるまで、あと1週間はかかりそうなので、もう少し借りたいと思っています。どうしたらよいですか。

1 今日、図書館に電話をして、あと2週間借りる。
2 今日の夜、入り口のポストに本を返して、明日、図書館に電話をする。
3 あさって、図書館の受付で、あと2週間借りられるようにする。
4 その本を予約している人に電話で相談する。

A市立図書館のご利用について

○利用できる人

A市に住んでいる人、A市で働いている人、A市の学校に通っている人、B市・C市・D市に住んでいる人

○借りるとき

はじめて借りるときは、図書館の受付で利用カードを作ってください。

本・雑誌は一人合わせて10冊まで、CDは3枚まで、2週間借りられます。

＊60歳以上の人はCDを5枚まで借りられます。

＊A市以外の人はCDは借りられません。

＊DVDは借りられません。

○返すとき

受付にお返しください。図書館が閉まっているときは、入り口のポストにお返しください。

＊CDは必ず受付にお返しください。

○返さなければならない日までに本を読みおわらなかったとき

返さなればならない日までに受付か電話でお知らせください。あと2週間借りることができます。

＊その本を予約している人がいたら、はじめに返す予定だった日までしか借りられません。

＊CDは、はじめに返す予定だった日までしか借りられません。

모의고사 제3회

N4

청해

もんだい 1

もんだい１では、まず　しつもんを　聞いて　ください。それから　話を　聞いて、もんだいようしの　１から４の中から、いちばん　いい　ものを　一つ　えらんで　ください。

れい

1　パン屋
2　本屋
3　コンビニ
4　スーパー

1ばん

1
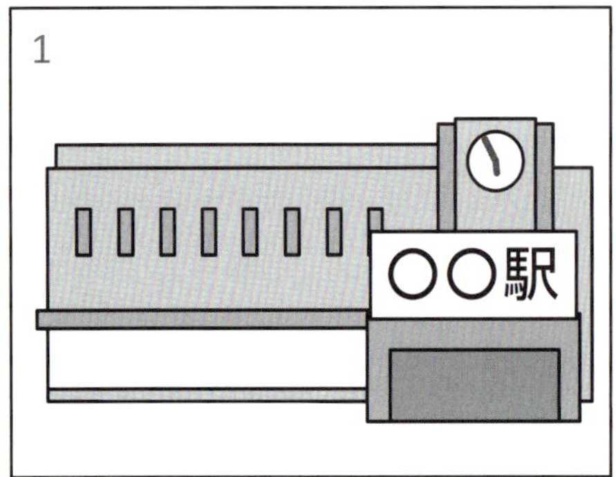

2

3

4

2ばん

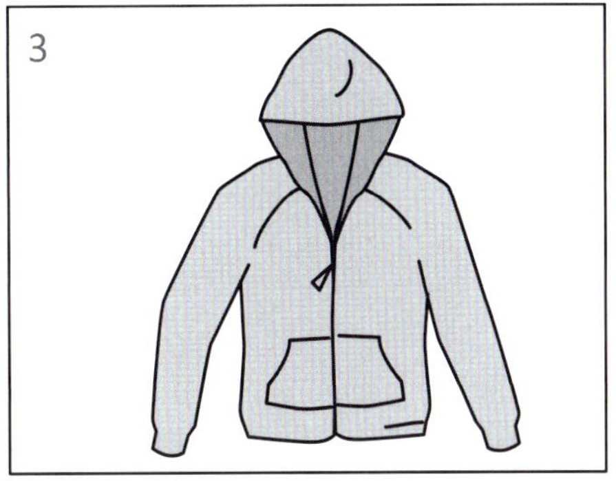

3ばん

1 おべんとうと 飲(の)みもの

2 お金(かね)

3 ノートと ペン

4 カメラ

4ばん

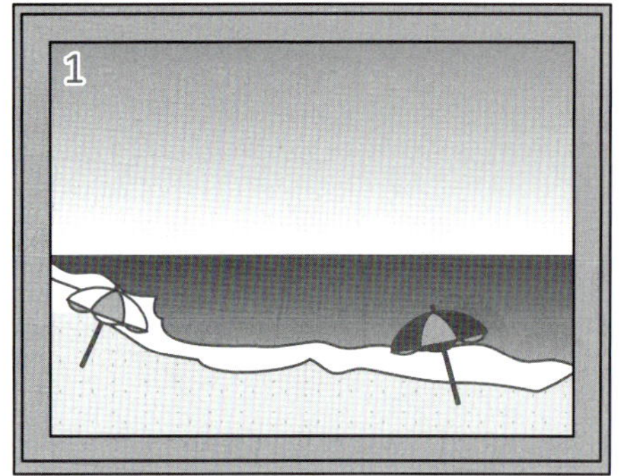

5ばん

1　ア　ウ

2　ア　エ

3　イ　ウ

4　イ　エ

6ばん

1　ア イ

2　ア エ

3　イ ウ

4　ウ エ

ア

イ

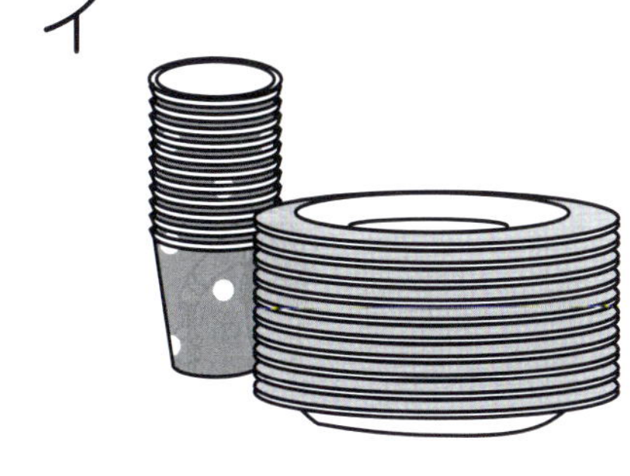

ウ

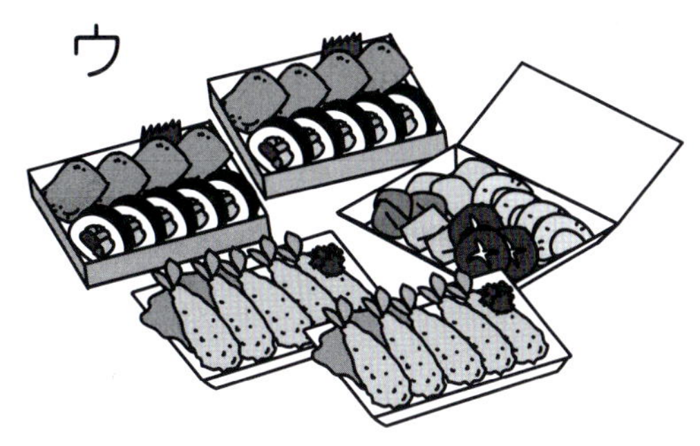

エ

7ばん

1　れんらくを　待(ま)つ

2　電話(でんわ)を　かける

3　ほかの　駅(えき)に　行(い)く

4　しごとに　行(い)く

8ばん

1　田中(たなか)くんの　家(いえ)

2　教室(きょうしつ)

3　図書館(としょかん)

4　食堂(しょくどう)

もんだい２

13~20
3 회

もんだい２では、まず　しつもんを　聞いて　ください。そのあと、もんだいようしを　見て　ください。読む　時間が　あります。それから　話を　聞いて、もんだいようしの　１から４の中から、いちばん　いいものを　一つ　えらんで　ください。

れい

1 しごとが　たいへんだから
2 アルバイト代が　安いから
3 べんきょうが　いそがしく　なったから
4 りゅうがくを　することに　なったから

１ばん

1 9時30分
2 9時50分
3 10時10分
4 10時30分

2ばん

1 駅から　遠いから

2 たてものが　古いから

3 部屋が　せまいから

4 りゅうがくするから

3ばん

1 これからすぐ

2 明日

3 あさって

4 来週の　月曜日

4ばん

1 午前中晴れ、午後雨

2 午前中晴れ、午後くもり

3 一日中雨

4 一日中くもり

5ばん

1 小(ちい)さくなった

2 デザインが　かわいくなった

3 値段(ねだん)が　安(やす)くなった

4 人気(にんき)が　出(で)た

6ばん

1 親(おや)

2 姉(あね)

3 先生(せんせい)

4 友(とも)だち

7ばん

1 英語(えいご)

2 中国語(ちゅうごくご)

3 スペイン語(ご)

4 イタリア語(ご)

もんだい３ 

もんだい３では、えを 見(み)ながら しつもんを 聞(き)いて ください。
➡(やじるし)の 人(ひと)は 何(なん)と 言(い)いますか。１から３の 中(なか)から、いちばん いい ものを 一(ひと)つ えらんで ください。

れい

1ばん

2ばん

3ばん

4ばん

5ばん

もんだい４ 

　もんだい４では、えなどが　ありません。まず　ぶんを　聞いて　ください。それから、そのへんじを　聞いて、１から３の　中から、いちばん　いい　ものを　一つ　えらんで　ください。

— メモ —

딱！한권 일본어능력시험 모의고사 N4　かいとうようし

第１回　げんごちしき（もじ・ごい）

なまえ Name	

〈ちゅうい　Notes〉

1. くろい　えんぴつ（HB、No.2）で　かいて　ください。（ペンや　ボールペンでは　かかないで　ください）
   Use a black medium soft (HB or No.2) pencil.
   (Do not use any kind of pen.)
2. かきなおす　ときは、けしゴムで　きれいに　けして　ください。
   Erase any unintended marks completely.
3. きたなく　したり、おったり　しないで　ください。
   Do not soil or bend this sheet.
4. マークれい　Marking examples

よい　れい Correct Example	わるい　れい Incorrect Examples
●	⊘ ✓ ○ ⓪ ⊜ ⦶ ◍

もんだい　1				
1	①	②	③	④
2	①	②	③	④
3	①	②	③	④
4	①	②	③	④
5	①	②	③	④
6	①	②	③	④
7	①	②	③	④
8	①	②	③	④
9	①	②	③	④
もんだい　2				
10	①	②	③	④
11	①	②	③	④
12	①	②	③	④
13	①	②	③	④
14	①	②	③	④
15	①	②	③	④
もんだい　3				
16	①	②	③	④
17	①	②	③	④
18	①	②	③	④
19	①	②	③	④
20	①	②	③	④
21	①	②	③	④
22	①	②	③	④
23	①	②	③	④
24	①	②	③	④

もんだい　4				
25	①	②	③	④
26	①	②	③	④
27	①	②	③	④
28	①	②	③	④
29	①	②	③	④
もんだい　5				
30	①	②	③	④
31	①	②	③	④
32	①	②	③	④
33	①	②	③	④
34	①	②	③	④

딱！한권 일본어능력시험 모의고사 N4　かいとうようし

第１回　げんごちしき（ぶんぽう）・どっかい

なまえ Name	

〈ちゅうい　Notes〉

1. くろい　えんぴつ(HB、No.2)で　かいて　ください。
（ペンや　ボールペンでは　かかないで　ください）
Use a black medium soft (HB or No.2) pencil.
(Do not use any kind of pen.)
2. かきなおす　ときは、けしゴムで　きれいに　けして　ください。
Erase any unintended marks completely.
3. きたなく　したり、おったり　しないで　ください。
Do not soil or bend this sheet.
4. マークれい　Marking examples

よい　れい Correct Example	わるい　れい Incorrect Examples
●	⊗ ✓ ◯ ⓪ ⊘ ⦶ ◯

もんだい　1				
1	①	②	③	④
2	①	②	③	④
3	①	②	③	④
4	①	②	③	④
5	①	②	③	④
6	①	②	③	④
7	①	②	③	④
8	①	②	③	④
9	①	②	③	④
10	①	②	③	④
11	①	②	③	④
12	①	②	③	④
13	①	②	③	④
14	①	②	③	④
15	①	②	③	④
もんだい　2				
16	①	②	③	④
17	①	②	③	④
18	①	②	③	④
19	①	②	③	④
20	①	②	③	④

もんだい　3				
21	①	②	③	④
22	①	②	③	④
23	①	②	③	④
24	①	②	③	④
25	①	②	③	④
もんだい　4				
26	①	②	③	④
27	①	②	③	④
28	①	②	③	④
29	①	②	③	④
もんだい　5				
30	①	②	③	④
31	①	②	③	④
32	①	②	③	④
33	①	②	③	④
もんだい　6				
34	①	②	③	④
35	①	②	③	④

딱! 한권 일본어능력시험 모의고사 N4　かいとうようし

第1回　ちょうかい

なまえ Name	

〈ちゅうい　Notes〉

1. くろい　えんぴつ(HB、No.2)で　かいて　ください。
(ペンや　ボールペンでは　かかないで　ください)
Use a black medium soft (HB or No.2) pencil.
(Do not use any kind of pen.)
2. かきなおす　ときは、けしゴムで　きれいに　けして　ください。
Erase any unintended marks completely.
3. きたなく　したり、おったり　しないで　ください。
Do not soil or bend this sheet.
4. マークれい　Marking examples

よい　れい Correct Example	わるい　れい Incorrect Examples
●	⊗ ✓ ○ ⓪ ⊜ ⦶ ◍

もんだい 1				
れい	①	●	③	④
1	①	②	③	④
2	①	②	③	④
3	①	②	③	④
4	①	②	③	④
5	①	②	③	④
6	①	②	③	④
7	①	②	③	④
8	①	②	③	④

もんだい 2				
れい	①	②	●	④
1	①	②	③	④
2	①	②	③	④
3	①	②	③	④
4	①	②	③	④
5	①	②	③	④
6	①	②	③	④
7	①	②	③	④

もんだい 3			
れい	①	②	●
1	①	②	③
2	①	②	③
3	①	②	③
4	①	②	③
5	①	②	③

もんだい 4			
れい	①	●	③
1	①	②	③
2	①	②	③
3	①	②	③
4	①	②	③
5	①	②	③
6	①	②	③
7	①	②	③
8	①	②	③

딱！한권 일본어능력시험 모의고사 N4　かいとうようし

第２回　げんごちしき（もじ・ごい）

なまえ Name	

〈ちゅうい　Notes〉

1. くろい　えんぴつ(HB、No.2)で　かいて　ください。
(ペンや　ボールペンでは　かかないで　ください)
Use a black medium soft (HB or No.2) pencil.
(Do not use any kind of pen.)
2. かきなおす　ときは、けしゴムで　きれいに　けして　ください。
Erase any unintended marks completely.
3. きたなく　したり、おったり　しないで　ください。
Do not soil or bend this sheet.
4. マークれい　Marking examples

よい　れい Correct Example	わるい　れい Incorrect Examples
●	⊘ ✓ ○ ⓪ ⊜ ⦶ ◌

もんだい　1				
1	①	②	③	④
2	①	②	③	④
3	①	②	③	④
4	①	②	③	④
5	①	②	③	④
6	①	②	③	④
7	①	②	③	④
8	①	②	③	④
9	①	②	③	④
もんだい　2				
10	①	②	③	④
11	①	②	③	④
12	①	②	③	④
13	①	②	③	④
14	①	②	③	④
15	①	②	③	④
もんだい　3				
16	①	②	③	④
17	①	②	③	④
18	①	②	③	④
19	①	②	③	④
20	①	②	③	④
21	①	②	③	④
22	①	②	③	④
23	①	②	③	④
24	①	②	③	④

もんだい　4				
25	①	②	③	④
26	①	②	③	④
27	①	②	③	④
28	①	②	③	④
29	①	②	③	④
もんだい　5				
30	①	②	③	④
31	①	②	③	④
32	①	②	③	④
33	①	②	③	④
34	①	②	③	④

딱！한권 일본어능력시험 모의고사 N4　かいとうようし

第２回　げんごちしき（ぶんぽう）・どっかい

なまえ Name	

〈ちゅうい　Notes〉

1. くろい　えんぴつ(HB、No.2)で　かいて　ください。
（ペンや　ボールペンでは　かかないで　ください）
Use a black medium soft (HB or No.2) pencil.
(Do not use any kind of pen.)
2. かきなおす　ときは、けしゴムで　きれいに　けして　ください。
Erase any unintended marks completely.
3. きたなく　したり、おったり　しないで　ください。
Do not soil or bend this sheet.
4. マークれい　Marking examples

よい　れい Correct Example	わるい　れい Incorrect Examples
●	⊘ ✓ ○ ⓪ ⊜ ⦶ ◌

もんだい　1				
1	①	②	③	④
2	①	②	③	④
3	①	②	③	④
4	①	②	③	④
5	①	②	③	④
6	①	②	③	④
7	①	②	③	④
8	①	②	③	④
9	①	②	③	④
10	①	②	③	④
11	①	②	③	④
12	①	②	③	④
13	①	②	③	④
14	①	②	③	④
15	①	②	③	④
もんだい　2				
16	①	②	③	④
17	①	②	③	④
18	①	②	③	④
19	①	②	③	④
20	①	②	③	④

もんだい　3				
21	①	②	③	④
22	①	②	③	④
23	①	②	③	④
24	①	②	③	④
25	①	②	③	④
もんだい　4				
26	①	②	③	④
27	①	②	③	④
28	①	②	③	④
29	①	②	③	④
もんだい　5				
30	①	②	③	④
31	①	②	③	④
32	①	②	③	④
33	①	②	③	④
もんだい　6				
34	①	②	③	④
35	①	②	③	④

딱！한권 일본어능력시험 모의고사 N4　かいとうようし

第２回　ちょうかい

なまえ Name	

〈ちゅうい　Notes〉

1. くろい　えんぴつ(HB、No.2)で　かいて　ください。
(ペンや　ボールペンでは　かかないで　ください)
Use a black medium soft (HB or No.2) pencil.
(Do not use any kind of pen.)
2. かきなおす　ときは、けしゴムで　きれいに　けして　ください。
Erase any unintended marks completely.
3. きたなく　したり、おったり　しないで　ください。
Do not soil or bend this sheet.
4. マークれい　Marking examples

よい　れい Correct Example	わるい　れい Incorrect Examples
●	⊘ ✓ ○ ⓪ ⊜ ⦶ ◍

もんだい　1				
れい	①	●	③	④
1	①	②	③	④
2	①	②	③	④
3	①	②	③	④
4	①	②	③	④
5	①	②	③	④
6	①	②	③	④
7	①	②	③	④
8	①	②	③	④
もんだい　2				
れい	①	②	●	④
1	①	②	③	④
2	①	②	③	④
3	①	②	③	④
4	①	②	③	④
5	①	②	③	④
6	①	②	③	④
7	①	②	③	④

もんだい　3			
れい	①	②	●
1	①	②	③
2	①	②	③
3	①	②	③
4	①	②	③
5	①	②	③
もんだい　4			
れい	①	●	③
1	①	②	③
2	①	②	③
3	①	②	③
4	①	②	③
5	①	②	③
6	①	②	③
7	①	②	③
8	①	②	③

딱！한권 일본어능력시험 모의고사 N4　かいとうようし

第３回　げんごちしき（もじ・ごい）

なまえ Name	

〈ちゅうい　Notes〉

1. くろい　えんぴつ(HB、No.2)で　かいて　ください。
(ペンや　ボールペンでは　かかないで　ください)
Use a black medium soft (HB or No.2) pencil.
(Do not use any kind of pen.)
2. かきなおす　ときは、けしゴムで　きれいに　けして　ください。
Erase any unintended marks completely.
3. きたなく　したり、おったり　しないで　ください。
Do not soil or bend this sheet.
4. マークれい　Marking examples

よい　れい Correct Example	わるい　れい Incorrect Examples
●	⊘ ✓ ○ ⓪ ⊜ ⦶ ◍

もんだい　1				
1	①	②	③	④
2	①	②	③	④
3	①	②	③	④
4	①	②	③	④
5	①	②	③	④
6	①	②	③	④
7	①	②	③	④
8	①	②	③	④
9	①	②	③	④
もんだい　2				
10	①	②	③	④
11	①	②	③	④
12	①	②	③	④
13	①	②	③	④
14	①	②	③	④
15	①	②	③	④
もんだい　3				
16	①	②	③	④
17	①	②	③	④
18	①	②	③	④
19	①	②	③	④
20	①	②	③	④
21	①	②	③	④
22	①	②	③	④
23	①	②	③	④
24	①	②	③	④

もんだい　4				
25	①	②	③	④
26	①	②	③	④
27	①	②	③	④
28	①	②	③	④
29	①	②	③	④
もんだい　5				
30	①	②	③	④
31	①	②	③	④
32	①	②	③	④
33	①	②	③	④
34	①	②	③	④

딱！한권 일본어능력시험 모의고사 N4　かいとうようし

第３回　げんごちしき（ぶんぽう）・どっかい

なまえ Name	

〈ちゅうい　Notes〉

1. くろい　えんぴつ(HB、No.2)で　かいて　ください。
(ペンや　ボールペンでは　かかないで　ください)
Use a black medium soft (HB or No.2) pencil.
(Do not use any kind of pen.)
2. かきなおす　ときは、けしゴムで　きれいに　けして　ください。
Erase any unintended marks completely.
3. きたなく　したり、おったり　しないで　ください。
Do not soil or bend this sheet.
4. マークれい　Marking examples

よい　れい Correct Example	わるい　れい Incorrect Examples
●	⊘ ✓ ○ ⓪ ⊜ ◐ ◍

もんだい　1				
1	①	②	③	④
2	①	②	③	④
3	①	②	③	④
4	①	②	③	④
5	①	②	③	④
6	①	②	③	④
7	①	②	③	④
8	①	②	③	④
9	①	②	③	④
10	①	②	③	④
11	①	②	③	④
12	①	②	③	④
13	①	②	③	④
14	①	②	③	④
15	①	②	③	④
もんだい　2				
16	①	②	③	④
17	①	②	③	④
18	①	②	③	④
19	①	②	③	④
20	①	②	③	④

もんだい　3				
21	①	②	③	④
22	①	②	③	④
23	①	②	③	④
24	①	②	③	④
25	①	②	③	④
もんだい　4				
26	①	②	③	④
27	①	②	③	④
28	①	②	③	④
29	①	②	③	④
もんだい　5				
30	①	②	③	④
31	①	②	③	④
32	①	②	③	④
33	①	②	③	④
もんだい　6				
34	①	②	③	④
35	①	②	③	④

딱！한권 일본어능력시험 모의고사 N4　かいとうようし

第３回　ちょうかい

なまえ Name	

〈ちゅうい　Notes〉

1. くろい　えんぴつ(HB、No.2)で　かいて　ください。
（ペンや　ボールペンでは　かかないで　ください）
Use a black medium soft (HB or No.2) pencil.
(Do not use any kind of pen.)
2. かきなおす　ときは、けしゴムで　きれいに　けして　ください。
Erase any unintended marks completely.
3. きたなく　したり、おったり　しないで　ください。
Do not soil or bend this sheet.
4. マークれい　Marking examples

よい　れい Correct Example	わるい　れい Incorrect Examples
●	⊗ ✓ ◯ ⓪ ⊜ ⦶ ●

もんだい　1				
れい	①	●	③	④
1	①	②	③	④
2	①	②	③	④
3	①	②	③	④
4	①	②	③	④
5	①	②	③	④
6	①	②	③	④
7	①	②	③	④
8	①	②	③	④

もんだい　2				
れい	①	②	●	④
1	①	②	③	④
2	①	②	③	④
3	①	②	③	④
4	①	②	③	④
5	①	②	③	④
6	①	②	③	④
7	①	②	③	④

もんだい　3			
れい	①	②	●
1	①	②	③
2	①	②	③
3	①	②	③
4	①	②	③
5	①	②	③

もんだい　4			
れい	①	●	③
1	①	②	③
2	①	②	③
3	①	②	③
4	①	②	③
5	①	②	③
6	①	②	③
7	①	②	③
8	①	②	③